科 学 之 光
LIGHT OF SCIENCE

世 界 因 他 们 而 改 变

开普勒评传

［德］梅希特希尔德·莱姆克◎著

廖　峻　刘安然◎译

中国科学技术出版社

·北　京·

图书在版编目（CIP）数据

开普勒评传 /（德）梅希特希尔德·莱姆克著；廖峻，刘安然译 .
-- 北京：中国科学技术出版社，2024.8
（世界因他们而改变）
书名原文：Johannes Kepler
ISBN 978-7-5236-0746-6

Ⅰ.①开… Ⅱ.①梅… ②廖… ③刘… Ⅲ.①开普勒
（Kepler, Johannes 1571-1630）- 评传 Ⅳ.① K835.166.14

中国国家版本馆 CIP 数据核字（2024）第 095343 号

Original Title: Johannes Kepler
Copyright © 1995 by Rowohlt Taschenbuch Verlag GmbH, Reinbek bei Hamburg
Simplified Chinese language edition arranged through Beijing Star Media Co. Ltd., China
北京市版权局著作权合同登记 图字：01-2024-1619

总 策 划	秦德继
策划编辑	周少敏　崔家岭　郭秋霞
责任编辑	汪莉雅　李惠兴
装帧设计	中文天地
责任校对	张晓莉
责任印制	马宇晨

出　　版	中国科学技术出版社
发　　行	中国科学技术出版社有限公司
地　　址	北京市海淀区中关村南大街 16 号
邮　　编	100081
发行电话	010-62173865
传　　真	010-62173081
网　　址	http://www.cspbooks.com.cn

开　　本	787mm×1092mm　1/32
字　　数	120 千字
印　　张	9.5
版　　次	2024 年 8 月第 1 版
印　　次	2024 年 8 月第 1 次印刷
印　　刷	北京长宁印刷有限公司
书　　号	ISBN 978-7-5236-0746-6 / K·394
定　　价	68.00 元

（凡购买本社图书，如有缺页、倒页、脱页者，本社销售中心负责调换）

17 世纪至 20 世纪的开普勒画像

前　言

　　本书旨在如实勾勒出约翰内斯·开普勒（1571—1630年）的人生轨迹和学术生涯，而并非把他捧上神坛，或是借此亵渎神明。我知道，在书中每援引一处引文，每提及一桩事件，都会在读者脑海中留下某种特定的印象，正如此书所附的历代开普勒画像也是如此数量庞大，特征各异。我希望读者能在阅读中找到自己心目中的那个开普勒。在此，我也想向我的家人们表达谢意，感谢他们在我写作的过程中给予我方方面面的支持。

目 录

第 1 章

动荡的时代

在动荡的时代中危机四伏，旧事物不再巍然牢固，而新事物尚未成型。开普勒生活在文艺复兴、宗教改革和反宗教改革的夹缝之间，这一时期充满了各种紧张和对立的关系。淹没在历史长河中的柏拉图手稿重见天日，推动了文艺复兴时期哲学的新发展，并引发了一场关于古典文献学和文本批评的激烈辩论。宗教改革运动中，马丁·路德（Martin Luther）将《圣经》翻译成德语，也是对这一传统的延续。活字印刷术的发展则大大促进了古典文献、福音书译本和教派论战刊物的传播。

路德的宗教改革思想在民众中得到了广泛认可，但在天主教徒和新教徒多次尝试协调无果后，最终矛盾激化。在此期间，除路德的活动之外，宗教改革也在其他地方点燃了星星之火。乌尔里希·慈运理（Ulrich Zwingli）和约翰内斯·加尔文（Johannes Calvin）提出新的改革方案雏形。一方面，不同新教团体之间的斗争往往比针对罗马教廷的斗争更加激烈残酷，到了水火不容的地步，而另一方面，罗马教会则试图通过成立"耶稣会"等方式来应对革新的浪潮。

从16世纪中期开始，为了将自己与其他团体区分开来，新兴宗教团体开始形成自己的教派。然而，与最初只承认圣经为权威的原则相反，这些教派向着教条化和反人权的方向演进，而此前他们正是以此来诟病罗马教廷的。

无论是宗教改革还是反宗教改革，它们争执的焦点都集中于国家和教会谁应掌管宗教事务这一问题。1555年9月的《奥格斯堡和约》提出"教随君定"（Cuius regio eius religio）原则，即由君主选择信仰路德教派或天主教派，所有臣民必须追随。尽管《奥格斯堡和约》的条款最初有助于双方和睦共处，但其语焉不详，以至于成为长期矛盾的根源，最终诱发了"三十年战争"。

另一方面，宗教战争的时代奏响了专制主义国家诞生的序曲。君主们试图通过建立一个中央行政机构来削弱各阶层的中坚力量，或者直接使之依附于自己。在这场权力斗争中，各教派起到了决定性的作用，教派代表通常站在承诺为他们提供最多利益的一边。宗教和政权的同盟往往并非出于神圣的宗教信仰，而是出于对权力和利益的考量。

科学领域也产生了激烈的动荡，人文主义浪潮滚滚向前，但也出现了逆流的征兆。文艺复兴推崇古典文化，扩展并革新了教育必修科目。教育的重点是使学生能够掌握并且完美使用拉丁语和希腊语。新教对古典教育中的"异端"部分愈发产生怀疑，并最终公开进行反对。

文艺复兴和人文主义思想非常偏向语言与图像的象征，而16世纪的理性主义与经验主义偏好的是测量和定量分析，这加速了信仰与知识的背离。在开普勒所处的时代，这种背离的趋势逐渐显露，表现在物理学与形而上学渐行渐远，自然科学与哲学以及神学分道扬镳。

自古以来，所谓"自由艺术"的语法、辩证法、修辞学、几何学、算术、天文学和音乐被认为是一位自由人方可掌握的艺术，从而享有极高的声誉，而工程学则远离学校教育的象牙塔，隐没于日常平凡的生活，它因其实用性受到肯定，但地位低下，被称为"非自由艺术"。正是在文艺复兴时期，工程学经历了蓬勃发展，其中最重要的推动力是与战争技术相关的发明，如火药枪、炮弹等。也同样是在文艺复兴时期，伽利略·伽利莱（Galileo Galilei）的弹道运动实验等活动开始架设起了科学和应用技术之间的桥梁。此后，应用技术学科首次进入学术教育的殿堂。"自由艺术"和"非自由艺术"的边界由此开始变得模糊。自此，自然科学一路高歌猛进。但在当时，人们还无法预见，自然科学未来将取代精神科学[①]的主导地位。

在 16 和 17 世纪出现了许多技术创新和发明，如怀表、望远镜和显微镜等，人们从前只能在梦想中实现的测量和研究便有了现实的可能。在开普勒的时代，数学这一学科还包含有关"神秘数字"的空想，此后的数学得以迅速发展，为人们开辟了许多全新的、可以探索和测量的领域。[1] 威廉·吉尔伯特（William Gilbert）在 1600 年左右提出了"地磁理论"，证实了力的远距离作

---

① 精神科学（Geisteswissenschaften）指德语学术传统中的人文学科或人文科学。——译者注（之后的注释如无特别说明，则为译者注）

用。尼古拉·哥白尼（Nikolaus Kopernikus）提出了关于我们这个行星系统的"日心说"模型，这将这个时代思想的对立和扭曲推上顶峰，并以一种全新的方式呈现出来。哥白尼的模型促使我们重新思考地球以及人类在宇宙中的位置问题。地球是我们的家园，它的中心位置岌岌可危，随之而来的问题是上帝是否为人类创造了世界？如果哥白尼只是在《天体运行论》中提出了一个具体的天文学问题，且这个问题不会产生任何超越天文学领域的影响，那么他就不可能成为被攻讦的中心。

第2章

童年时光及教育经历

1571年12月27日，约翰内斯·开普勒降生在魏尔德斯塔特城，这一天刚好是圣约翰内斯节，开普勒便以此得名。这一天距离哥白尼离世也有28年了。这座小型的帝国自由城市[2]约有1000名居民，其中大部分是天主教徒。开普勒的家庭则信仰路德教派，是这座城市的新兴力量。自1534年起，符腾堡公国便成了新教国家，而魏尔德斯塔特城正位于这个公国之中。由于当时的魏尔德斯塔特城既没有新教牧师，也没有新教教堂，因此可以推测，开普勒是在当地的天主教堂接受洗礼的。开普勒本人多次表示，他是一般意义上的天主教会成员，他的言论也可以支撑这种推测。

开普勒自称，他是孕期才 7 个月就出生的早产儿。[3]一些人怀疑这种说法，认为开普勒父母是奉子成婚，他们的结合违背了当时的社会观念。这样的猜测乍听合理，但至今难以得到证实。[4] 然而，开普勒母亲在公婆家的糟糕处境，以及不幸福的婚姻生活似乎又可以印证这种猜测。

开普勒的父母于 1571 年 5 月 15 日在魏尔德斯塔特城成婚。开普勒的父亲海因里希·开普勒（Heinrich Kepler）出生于 1547 年 1 月 19 日，是魏尔德斯塔特城市长、酒馆和旅馆老板兼贸易商塞巴尔德·开普勒（Sebald Kepler）[5] 及其妻子卡塔琳娜·开普勒（Katharina Kepler）的第四个孩子，也是存活下来的孩子中最大的一个。开普勒的母亲卡塔琳娜·古尔登曼（Katharina Guldenmann）出生于 1547 年 11 月 8 日，是旅馆老板兼埃尔廷根市长梅尔希奥·古尔登曼（Melchior Guldenmann）及其妻子玛格丽特（Margarethe）的女儿。卡塔琳娜·古尔登曼的母亲早逝，之后她在魏尔德斯塔特城的姨母家长大，偶尔会去她未来公公经营的"天使旅馆"帮忙。[6]

海因里希·开普勒年轻时即参与父亲的生意，他曾卷入一场因布匹生意引发的暴力纠纷，最后不得不由议会出面才得以调停解决。[7] 婚后，他开始发展自己的商贸业务。[8] 这对新婚夫妇得到了一笔可观的嫁妆[9]，搬入了开普勒家的房子。这座房子位于魏尔德斯塔特城集市广场一角，它也是如今的开普勒纪念馆所在之处。当时的房屋建筑早在"三十年战争"末期就已烧毁。如今的建筑是按照人们推测，在原有地基上，对房屋结构稍加改动后重建而成的。

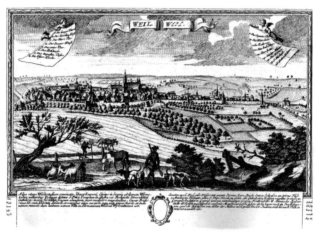

魏尔德斯塔特城，铜版画，约翰·克里斯蒂安·利奥波德
（Johann Christian Leopold）绘制，约 1740 年

据有关资料显示，开普勒家的家庭关系格外紧张，尤其是同名卡塔琳娜的婆媳之间剑拔弩张。除此之外，这对新人夫妇之间的关系也并不理想。约翰内斯·开普勒在 25 岁时曾用一种基于占星术的方式来描述自己的家人，如此的形容相当少见，充满疏离感。他形容祖父塞巴尔德"暴躁固执，表情猥琐。他的脸涨得通红，横肉遍布，浓密的胡子使整张脸愈显沉重"。他形容祖母卡塔琳娜"相当聒噪，聪明尖刻，说谎成性，然而却热心宗教事务。她身材纤长，生性易怒，精力十足，无时无刻不在给人添堵。她善妒、阴险、暴躁，内心充满怨愤"。开普勒说，在开普勒父亲海因里希的星盘上，"土星落于火星的宫位"，这是父亲"品行不端，性格粗暴，好惹是非"的根源。至于其母亲，开普勒则形容她"矮小、瘦弱、肤色偏黑，是一位爱搬弄是非的长舌妇，绝非善类"。[10]

可能是为了逃避恼人的家庭关系，开普勒的父亲海因里希响应了阿尔瓦公爵（Herzog Alba）的募兵，成为西班牙哈布斯堡王朝的雇佣兵，前往平定尼德兰起义的战场。如果家族成员所言非虚，那么开普勒家族确有参军入伍的悠久传统。早在 15 世纪，开普勒家族的两位祖先弗里德里希·开普勒（Friedrich Kepler）以及康拉德·开普勒（Konrad Kepler）就曾服兵役，并于 1433 年在罗马的西吉斯蒙德皇帝（Sigismund）加冕礼上受封贵族称号。开普勒曾说，贫穷使得他的先人沦为商人和手工业者，他们也不再使用贵族头衔。[11]约翰内斯·开普勒的祖父塞巴尔德在 1522 年从纽伦堡搬到魏尔德斯塔特城，据说他和他的儿子们也曾在皇帝的军队中效命。[12]这个家族曾经受封的实物标志是一枚饰有金制天使的盾形骑士徽章。这枚徽章也在家族中代代相传。1563 年 2 月，开普勒家的塞巴尔德（Sebald）、亚当（Adam）、丹尼尔（Daniel）和梅尔希奥（Melchior）四兄弟向皇帝马克西米利安二世（Maximilian II）请求确认其骑士徽章，并在 1564 年 7 月获得皇帝准许。[13]

大约在 1573 年，海因里希·开普勒来到了归属西班牙管辖的尼德兰地区，他站在天主教一方，对战加尔文教派的暴动者。路德派和加尔文派互相仇视，这可能是促使符腾堡地区信奉新教的阿尔瓦公爵在其领地内募兵的原因。1573 年，阿尔瓦公爵被召回后，海因里希·开普勒继续以雇佣兵身份为西班牙服役。

1573 年 6 月 12 日，他的妻子卡塔琳娜·开普勒生下了他们的第二个孩子小海因里希（Heinrich Jr.）。我们无从知晓，在这个孩子降生时，他的父亲是否在家乡。我们能知道的是，在丈夫外出打仗后，卡塔琳娜曾不幸感染瘟疫，但最终得以战胜病魔。目前尚不清楚，她是在孕期还是在产后患病。无论是何种情况，这导致小海因里希终身饱受癫痫之苦。

1575 年，尽管海因里希还年幼，但卡塔琳娜还是动身前往西属尼德兰，试图在那里找到丈夫并劝说他回家。[14] 她将两个孩子托付给公婆和家乡的一位密友[15] 照管。在她出发后不久，约翰内斯·开普勒就患上了严重的天花。尽管体质虚弱，约翰内斯还是存活了下来，但这也给他的身体留下终身的残疾。他的眼睛受损，伤疤导致他的一只眼睛视物重影，罹患近视。[16] 此外，当时人们会将患天花的孩子的手绑起来，防止他抓破水痘，他的手部可能也正是因此而受伤。[17]

到了 1575 年夏末父母返乡时，约翰内斯仍未痊愈。海因里希·开普勒很快在符腾堡的莱昂贝格城紧挨着集市广场的地方买下一栋房子[18]，并和妻子、孩子一起搬到了那里。此后 4 年，一家人定居在那座房子中。海因里希·开普勒有时并不在家，他在定居后的第二年重返尼德兰战场，继续完成兵役。

莱昂贝格，1682 年，安德烈亚斯·基泽（Andreas Kieser）绘制的林场书插图

据约翰内斯·开普勒的自述，1577 年他首次接触德语阅读和写作课程[19]，此后进入莱昂贝格的拉丁语学校上学。符腾堡的克里斯托夫公爵（Herzog Christoph）曾在 1559 年颁布一项规定，要求领地内每个城市必须建一所拉丁语学校，且校内至少开设 3 个年级，学制总共要有 5 个年级。这项规定基于"大教法"框架，是历史上首部由国家推动的学校教育规定，它规定了师资培训标准和教学计划。[20]克里斯托夫公爵还创建了"修道院教育体系"，将修道院教育作为神学学习的前导阶段，完成该阶段学业后即可进入其父亲乌尔里希公爵（Herzog

Ulrich）于 1536 年创立的蒂宾根神学院。想要进入这些修道院学校学习，首先需要在初级拉丁语学校中取得出色的成绩，并通过所谓"国家考试"，该考试每年在斯图加特集中举行，时间是圣灵降临节后的一周。[21]

修道院学校教育分为初级和高级，公爵奖学金为其提供经济支持。选择这条教育路径的学生必须在完成神学学业后进入教会工作，开普勒即是如此。这种路径设计在当时是独一无二的，其目的在于弥补宗教改革后数年内新教牧师稀少的巨大缺口。

让我们继续回到开普勒的求学生涯：他在拉丁语学校接受了德语阅读和写作教育，授课老师可能是助理教师[22]，也可能是教堂司事。[23] 在 1559 年克里斯托夫公爵颁布规定以前，莱昂贝格的教堂司事普遍参与授课。这座拉丁语学校过去曾是一座女子修道院，在宗教改革和世俗化进程之后成为市政府的财产。开普勒在德语班学习了多久已不可考证，但大致可以推测，他在 1578 年转入拉丁语学校，学校通常招收权贵家庭子女和天赋异禀的学生。

据开普勒的回忆，1577 年的某个夜晚，他的母亲带他上山去观看彗星。[24] 在当时，彗星的降临会引发所

有人的热切关注。同年 5 月 20 日，他的弟弟塞巴尔德
（Sebald）出生，但这个孩子不幸早夭。开普勒的下一个
弟弟约翰·弗里德里希（Johann Friedrich）出生于 1579
年 6 月 21 日，可惜也早早离世。

当时的一份传单上刻画了 1577 年的彗星降临事件

　　莱昂贝格的拉丁语学校开设有 3 个班级，总计 40
名学生[25]，两位老师。其中一位老师是助理教师，负
责初级课程，另一位是校长，负责教授高级课程。开
普勒在校时，校长是维塔利斯·克莱登维斯（Vitalis
Kreidenweis）。在一年级，学生们学习拉丁文阅读和写
作。学校尤其重视正确的拉丁语发音[26]，首选的教学方

法是重复和背诵。除了拉丁文的阅读和写作课程，学生还学习教义和圣经。二年级的教学计划包括语法、文体练习（学习《所罗门箴言》）、拉丁文写作、阅读和口语练习、音乐和教义。三年级的学生们学习与二年级相同的科目，但课程难度更高，学习的内容包括伊索寓言、西塞罗信函和泰伦提乌斯剧作。

在当时，孩子们经常需要做各种各样的家务和农活，因此可以推断，许多学生无法按时上课。虽然有针对贫困儿童的膳食补助和减免学费，但根据1559年的教会法令，牧师们还有责任每年两次劝导家长，要定期将孩子送到学校，[27]可见当时学业完成的情况并不理想。

从开普勒的自述中，我们可以得知，他也曾屡次中断学业。但我们无法确定其每次中断学业的时间。1579年，他们举家搬迁到普福尔茨海姆附近的埃尔门丁根，必然造成了一次学业的中断。在此之前，1576年，开普勒的父亲再次前往西属尼德兰地区参战。在那里，他仅以一线之差逃脱了被送上绞刑架的命运，顺利返程。1577年9月26日，他获得了莱昂贝格的市民权，之后卖掉了房子（后经证实具体日期是在1579年9月14日）[28]并开了一家酒馆。1579年，一只火药角炸伤了他的脸，此后他接手了埃尔门丁根的"太阳旅馆"。[29] 至迟在 1579 年搬迁到埃尔门丁根之前和在 1580 年至 1582 年间，开普勒的学业应该是断断续续的。他必须给父母帮工，做沉重的农活，他对此非常反感，称这些活计为"脏活"。他只能在冬天去莱昂贝格的拉丁语学校上课。据开普勒自述，他在 1582 年冬天才完成了二年级课程，并于次年冬天完成了三年级课程。[30] 期间，老师们积极支持他的学业，赞扬他的天赋，尽管他自认为是同侪中习惯最差劲的一个。[31]

开普勒曾在 1587 年分析过自己的星盘图，他提到自己在小时候沉迷游戏，并且在以后的年岁里也喜欢虚度光阴，尽管他常事后感到懊悔。他也在分析中毫无保留地剖析自己的好恶、优势和弱势。他认为自己是一个会因面临挑战而燃起斗志的人，而其他人往往对这些困难的任务望而却步。实际上，求知欲、享受克服重重困难的乐趣、受到赞扬和认可是他勤奋刻苦的源动力。除此之外，他厌恶体力劳动，这也促使他在课业上格外用功。他自称虔诚以至迷信，如果他认为自己犯了错误，便会通过背诵特定的布道词进行自我惩罚。一想到自己因为过错而丧失成为先知的机会，他就深感绝望。但与此同时，开普勒内心也充满了戏谑和反叛的精神，他会激怒他人，也会坚持自己某些离经叛道的思想。[32]

是什么原因使得他的父母同意他继续上学呢？是他的才能、他身体的虚弱、他对重体力劳动的厌恶、他获得奖学金的光明前程，抑或是这些因素的共同作用？这个问题尚无定论。1583 年，开普勒的父亲不再经营位于埃尔门丁根的"太阳旅馆"，全家人一起返回了莱昂贝格。开普勒坦言，其父彼时已经破产，一贫如洗。[33] 在继续讲述开普勒的求学经历之前，有必要补充一件在埃尔门丁根时期发生的事。只有在此之后，我们在回顾开普勒的人生经历时，才能意识到这件事对他的重要意义：有一天晚上，父亲带着他出门观看月食。[34]

1583 年 5 月 17 日，开普勒通过了在斯图加特举办的国家考试[35]，就此正式开启了他的神职生涯。然而，直到 1584 年 10 月 16 日，他才获准入学，进入阿德尔贝格修道院学校。[36] 斯图加特国家考试竞争激烈、学位紧张可能是造成入学时间延迟的原因。一些考生通过了国家考试后不得不长时间等待一个空闲学位，有些考生甚至需要多次参考，因为修道院学校每年通常只招收 25 名学生。[37] 当时一共有 6 所初级修道院学校，分别位于阿德尔贝格、阿尔皮尔斯巴赫、布劳博伊伦、圣乔治、柯尼希斯布隆和穆尔哈特[38]，有时一所学校只有一名教师在职，因此每所学校每年大约只有 4～5 个入学名额。

1584 年秋，开普勒动身前往阿德尔贝格，他的父母则已经回到了莱昂贝格。他的妹妹玛格丽特（Margarete）出生在莱昂贝格，并于 1584 年 5 月 26 日接受了洗礼。这所位于阿德尔贝格的修道院学校的前身是一座普雷蒙特利会的修道院，坐落在霍亨斯陶芬附近的菲尔斯塔尔山谷。修道院学校的纪律与其他所有修道院大体相同。夏天的时候，学生们的一天由 4 点钟的唱诗开启，冬天则是在 5 点。他们过着严格的闭关生活，不得与佣人接触，也不能擅自离开修道院区域，只有在指导教师的监督下才能偶尔外出散步，放松身心。他们必须穿着学校发放的修道士服装，样式相当简朴。在公共场合和用餐时，他们必须穿着黑色僧袍。学校课程由阿德尔贝格的两位指导教师[39]以拉丁语进行讲授，学生们之间的交流也最好只使用拉丁语。

获得奖学金的学生住在修道士小房间里，自行打扫清洁。他们的房间紧邻着指导教师的住处，他们的生活随时受到老师的监督。如他们的同窗有咒骂、撒谎或违反住宿规定等行为，且他们不想被判定为此项过失的同谋，他们就必须检举此人。相互刺探与监视的阴云长久地笼罩着校园。这项规定无疑加剧了同窗之间的分裂。除此之外还有一项所谓"排位"制度，即按照成绩给学生排名，则更是催化了学生之间的竞争和嫉妒。前文已经介绍过，初级修道院学校中只有两个班级，学生仅有10名左右，嫌隙龃龉往往暴露无遗。一旦与某人产生摩擦，就很难避开这个人，另觅友伴也困难重重。

在阿德尔贝格的第二个学年，开普勒出于对检举规定的恐惧报告了两位同学的过失，这两人分别叫作格奥尔格·莫利托（Georg Molitor）和约翰内斯·维兰德（Johannes Wieland）。[40] 这不仅使得两位被检举的同学怨恨他，另一些同学也借此孤立他，这些同学因为各种原因对他怀有敌意。开普勒提及此事时表示，这些同学猜忌他，对他的才能怀有嫉妒，并且他们之间存在着激烈的竞争。即使他请求原谅，也无法扭转这种局面。开普勒在阿德尔贝格学习期间遭受的敌视一直折磨着他，而早在莱昂贝格求学时，他也曾遭受来自莱昂贝格教区神父之子约翰·乌尔里希·霍尔普（Johann Ulrich Holp）的敌视，待到他去往毛尔布龙，甚至几年后去往蒂宾根，这种折磨依然在某种程度上伴随他左右。开普勒写道，在那段时光里，他苦苦支撑，痛苦几乎耗尽他的心力。他手脚生疮，头疼发烧，这些疾病也如影随形，时时侵扰。[41] 当时的学校体系使身处其中的个体如此孤立无助，现在的我们或许难以感同身受。

早在莱昂贝格时开普勒就已经开始涉足神学问题。在《关于马蒂亚斯·哈芬雷弗书信的说明》(*Bemerkungen zu einem Brief Matthias Hafenreffers*)[42] 一文中，开普勒写道：

1583 年，我曾在符腾堡的莱昂贝格聆听一位年轻的执事宣讲《罗马书》的一篇布道，其间他侃侃而谈，大力批驳加尔文主义者，我当即敏锐地察觉，教会的分裂使我深感痛苦。而这样的情况犹如一个怪圈，我一次次地深陷其中：一位布道者与异见者就圣经经义展开辩论，布道者的解释却并没有使我满意。但当我亲自阅读这些经文，我发现，我曾在布道者的叙述中所得知的这些异见者的解释却往往更令人信服。1584 年，符腾堡公爵录取我为阿德尔贝格修道院的学生，我也从那时起参与了圣餐礼。来自蒂宾根的指导教师们每两年来一次，他们相当年轻，同时也担任传道的责任。他们详尽地驳斥了慈运理派关于圣餐礼的教义，令我感到十分不安。此外他们劝诫我们，应当密切关注加尔文主义者对圣经的曲解并引以为戒。这些都促使我走上漫漫独省、苦苦求索之路：教派之争的本质究竟为何？应该以哪种方式参与圣餐礼？我绞尽脑汁，得出最符合理智的结论，然而从布道坛上听到这些想法时，它们却被斥为"加尔文主义"。于是我意识到，我必须修正我的观点。

然而，在圣餐礼中耶稣基督究竟是以何种方式临在呢？按照路德教派的说法，耶稣基督以真身临在，而加尔文派则认为，圣餐仅仅寄托象征意义。这个问题将成为困扰开普勒一生的难题。直到后来，他也没有修正他年轻时候的信念，而是与官方学说形成了对立。不过，早期的他对此自然是闭口不谈。

在阿德尔贝格求学时期，开普勒还涉猎了路德派的"命定论"学说。他向来爱思考、有主见，13岁时他就给蒂宾根方面写信，请求给他寄一篇关于"命定论"的论文。起初，他坚定否认人的自由意志，这个观点与路德派几乎一致，但后来他转而持完全相反的观点。开普勒如此认真地思考信仰问题，这使得他沦为同学的笑柄。

他能够独立思考也正体现在他愿意认真对待以及审视与正统相反的、甚至很有可能遭到非难的教义。"上帝怜悯的目光……使他相信,异教徒并不是注定会受到诅咒的。"[43]这个观点肯定无法得到符腾堡教会的支持。

同时,开普勒还试图自主寻找数学问题的解法,并且对于诗学,他也给自己设定了艰巨的任务。"在创作初期,他学写离合诗、回文诗和字谜诗,随着他的判断力日趋成熟,能够不拘于字面含义,他便开始尝试各种非常困难的诗歌形式,他写品达①式的诗歌,写古希腊的酒神颂歌。无论是悬空静日还是长河滥觞,抑或是阿特拉斯眺望星云的目光,他的选材总是那么独具匠心。他喜欢谜语,追求最辛辣的幽默,他熟练掌握譬喻的修辞,他咬文嚼字,乐此不疲。"[44]

以上便是开普勒在阿德尔贝格和毛尔布龙修道院学校的心灵平衡的寄托。现在让我们继续探寻其学业本身:初级修道院学校中新增了希腊语、修辞学和辩证学等科目。这样,学校课程便完整囊括了中世纪大学的"三艺"②,而原有课程拉丁语、音乐和神学则保持不变。拉

---

① 古希腊抒情诗人。

② "三艺"即语法、辩证和修辞。此外,中世纪大学课程还有"四艺"之说,即几何学、算术、天文学和音乐。——原文注

丁语阅读课的材料是《新约圣经》，这门课将宗教教育与拉丁语教育融为一体。

1586 年 10 月 6 日，在阿德尔贝格学习两年后，开普勒通过了毕业考试，升往更高一级的毛尔布龙修道院学校。这所学校曾经是一座熙笃会修道院，这处中世纪早期修道院建筑群拥有精妙宏伟的结构布局，令人赞叹。修道院四周环绕着生机勃勃的农场，相形之下，愈发显出学校拒人千里之外的肃穆沉寂。

1586 年 11 月 26 日，开普勒抵达毛尔布龙，成为修道院学校的一位新生。过去在阿德尔贝格，有一些同学曾令他痛苦不堪，而这次也在新生之列，比如莫利托。通常情况下，高级修道院学校的学制为 3 年。学生在校学习两年后在蒂宾根参加学士考试，第三年则以老生身份留校。高级修道院的规章与初级修道院学校有所不同，其中规定，新生必须为老生服务。这是对各种欺凌行为的特许状，也是引发许多争端的根源。而开普勒恰恰是兼具敏感性格、反叛精神、戏谑态度、虔诚信仰和聪敏天赋的奇异混合体，这种新制度，无疑是令他的处境雪上加霜。

除了路德派修道院院长雅各布·施罗普（Jakob

Schropp）统领学校事务外，校内还有两位指导教师。在1588年前，雅各布·劳（Jakob Rau）担任学校第一指导教师兼圣经释义学①学者。自1588年起，约翰·斯潘根伯格（Johann Spangenberger）担任第一指导教师。1588年，雅各布·劳就任牧师，此后则由刚从大学毕业的格奥尔格·施魏泽（Georg Schweizer）担任第二指导教师。据开普勒自述，曾有一次，他"多管闲事地去纠正了"[45]斯潘根伯格的错误，从而与老师树敌，这意味着此后他还必须面对来自老师的厌恶和敌意。

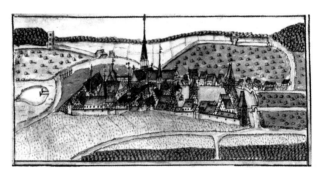

毛尔布龙修道院，1682年，安德烈亚斯·基泽绘制的林场书插图

1587年3月，开普勒和弗朗茨·雷布斯托克（Franz Rebstock）打了一架，起因是雷布斯托克出言不逊，贬

① 又译作"圣经解经学""圣经训诂学"等，是侧重从圣经源文本而非圣经象征元素来阐述宗教思想的学科。该学科在宗教改革后迎来更加多元化的发展。

损开普勒的父亲。相对矮小而纤弱的开普勒在这场争斗中落于下风。这场风波平息之后不久，1587年4月4日，开普勒突发高烧，危在旦夕。所幸他最终逃过一劫。[46]

尽管毛尔布龙修道院学校的时间安排紧凑，开普勒也利用仅有的一点空隙时间来完成他给自己定下的任务。这里的课程也是从清晨就开始，把一整天的时间挤占得满满当当。学生们需要学习西塞罗的演讲和维吉尔的诗句，希腊语法和句法以及狄摩西尼演讲的希腊语文本。除了修辞学课程外，每个星期天下午还有辩论练习，选题来自各个不同学科。学校新增算术和天文学课程，继续教授原有的音乐和宗教课程，宗教课程教材包括旧约圣经的读物和新约圣经的书信。经过两年的学习，1588年9月25日，开普勒在蒂宾根参加了学士考试，成为一名老生，并返回毛尔布龙度过在校的最后一年。

在毛尔布龙学习期间，1587年3月5日，开普勒

从南边眺望蒂宾根，约纳特安·索特（Jonathan Sauter）
木刻版画作品，1590年

的弟弟克里斯托夫（Christoph）在莱昂贝格出生。1589
年7月13日，伯恩哈德（Bernhard）也出生了，但这位
小弟弟很快便夭折了。由于远行求学，开普勒只能在与
家人的通信中得知家庭中发生的种种变化。他在信件中
得知，他的弟弟小海因里希放弃了一份又一份的学徒工
作，并最终于1589年迁往奥地利。同年，他的父亲也
离家远行，并且再未返回。

在父亲离开之前，家中爆发过一场激烈的争吵，其
间似乎是卡塔琳娜·开普勒将她的丈夫赶出家门。26年
后，她被指控为女巫，这件事仍呈为供证之一。据第一
位为开普勒作传的米夏埃尔·汉施（Michael Hansch）
考证，其父离家后曾在那不勒斯海战中担任上尉，与来
自葡萄牙的安东（Anton）作战，并在返程途中于奥格
斯堡附近去世。[47]

按照规定，成为老生满一年后的1589年9月17日，
开普勒进入了蒂宾根神学院。首先，他需要在艺学部学
习两年，课程包括伦理学、辩证法、修辞学、希腊语、
希伯来语、天文学、物理学和数学。课程结束后，需参
加艺学硕士①学位考试，通过后才能正式开始为期三年

---

① "艺学硕士"是中世纪学术学位，通过在学校学习七门自由艺术来获得。

的神学学习。

蒂宾根神学院曾是一座奥古斯丁派修道院，坐落在城堡山山脚，面朝内卡河而建。和修道院学校一样，这里的规章戒律也很严苛：学生们需要早起并集体祷告，紧接着开始早课，其内容是圣经释义学。上午的课程是大课，午餐时段有宗教经典朗读课目，用餐后有外出休息时间，下午继续上大课，晚餐时集体阅读历史读物直至晚上9点门禁。各条各目，事无巨细。尽管大学生们获得了一定自由活动的空间，但课堂有严格的考勤，离校也受到严格限制，这些都给学生施加了无形的束缚。此外，获得奖学金的学生在蒂宾根境内必须着僧袍，以显示他们是神学院学生，并时时提醒自己不忘所受资助：受助学生在校接受教育，享受免费食宿，还可以获得一笔极其微薄的津贴。但奖学金通常并不能涵盖书籍和衣物，一般情况下，学生还需要依靠亲戚的资助或其他奖学金，否则他们就难以为继。开普勒的祖父梅尔希奥·古尔登曼留给他一片牧草地，开普勒可以获得这片草地的收入。[48] 除此之外，从他在蒂宾根上学的第二年开始，他就获得了"鲁夫奖学金"，这是他的出生地魏尔德斯塔特城所颁发的奖学金。[49]

蒂宾根的神学院（左侧）以及大学（宿舍楼和旧礼堂），
铜版画（局部），约翰内斯·普菲斯特（Johannes Pfister）
绘制，约 1620 年

在校内，高级生负责教授、指导、监管艺学部的奖学金获得者，并在每个季度对他们进行评分。所谓高级生就是学校最高一级中最优秀的一批学生。学校的另一个管理机制是设置学生助理，他们来自贫困家庭，在校内干些杂活，以此充抵艺学硕士学位课程费用。他们也负责向神学院领导层举报奖学金获得者的违规行为。

上午和下午的大课时间，获得奖学金的学生可以离开神学院去附近的大学听大课。在那里，开普勒跟随著名的希腊语学者马丁·克鲁修斯博士（Dr. Martin Crusius）学习希腊哲学，在格奥尔格·魏根迈尔（Georg Weigenmaier）的课堂学习希伯来语文学，上埃尔哈德·塞利乌斯博士

（Dr. Erhard Cellius）的诗歌、修辞学和历史课，这位教授的课是公认得特别枯燥。此外，他还向米夏埃尔·齐格勒博士（Dr. Michael Ziegler）学习希腊经典作品和自然法，并师从著名天文学家和数学家米夏埃尔·马斯

米夏埃尔·马斯特林（1550—1631年），蒂宾根大学数学教授

特林（Michael Mästlin）学习数学和天文学。

在开普勒进入蒂宾根神学院学习的前一年，马斯特林在蒂宾根出版了一本天文学概论，该书是对其天文学课程的简单导引。这本教科书不仅概述了托勒密（Ptolemaios）的行星理论，也介绍了普尔巴赫的格奥尔格（Georg von Peuerbach）、约翰·雷吉奥蒙塔努斯（Johann Regiomontanus）和尼古拉·哥白尼的理论。在书中，马斯特林以批判的态度谨慎地介绍了哥白尼的理论，但在当面的交流中，他可能更直率地表达了对"日心说"行星模型的认同。

总之，在艺学部的学习生涯使开普勒接触到了一些他之前鲜有涉足的领域。除了数学和天文学之外，对他来说，学习哲学的意义格外深远。他尤其喜欢新柏拉图主义和毕达哥拉斯学派的理论，后者推崇数字神秘主义，尤其是普罗克洛（Proklos）对柏拉图的评注，开普勒通过它了解了毕达哥拉斯的和谐理论。此外，普罗克洛对欧几里得（Euklid）的评注也给开普勒诸多启发。显然，早年他已经熟读了库萨的尼古拉（Nikolaus Cusanus）的著作。尤利乌斯·凯撒·斯卡利格（Julius Caesar Scaliger）所著《理论演习》（*Exercitationes Exotericae*）一书在当时风靡学生圈，也给开普勒留下了深刻的印象。他还阅读了亚里士多德（Aristoteles）的《后分析篇》和《物理学》，但对《伦理学》却并不感兴趣。[50]

在蒂宾根学习期间，开普勒继续诗歌创作，他将新题材融入传统诗歌形式，并为自己设定了艰难的创作任务，例如描绘月球视角的天体运行图景。这篇诗作收录于其遗稿《月之梦》。这本书既是开普勒唯一的文学作品，也成为后世科幻文学的雏形。此外，开普勒还是同学里公认的老练占星家，常常有人来请他占卜。需要指出的是，在当时的大学课程里，占星学与天文学尚未分家。

受到奖学金资助的学生住在神学院里，受到修道院规章制度的严格约束，与之形成鲜明对比的是那些来自富裕家庭的同学，他们的生活自由无拘，他们铺张纨绔、酗酒斗殴，往往声名狼藉。[51] 而对于得了奖学金的学生们来说，除了每年在蒂宾根的市集上排练和表演一出戏剧外，他们几乎没有什么消遣娱乐。在 19 世纪末以前，只有男性才可以进校学习，所以当时戏剧里的女性角色必须由同学中较纤弱的男生来扮演。于是，开普勒便扮演了这样的角色。他在一出关于施洗者约翰被斩首的拉丁悲剧中饰演"玛丽安"这一角色。[52]1591 年 2 月 17 日，这出戏剧在蒂宾根的市集上演出，众多名流、市民和大学生前来观看。[53]

2 月，开普勒初次登台。早春的寒风、怯场的心理、扮演女性角色的陌生感受、戏剧的冲突，或许正是这如此种种，使得开普勒的"身体和精神异常兴奋"[54]，演出结束不久之后他便发起了高烧。显然，这次演出对他来说非比寻常，激动人心。

来到蒂宾根求学的第二年夏天，也就是在 1591 年

8月11日，开普勒以15名考生中第二名的成绩通过了艺学硕士学位考试。[55] 应开普勒要求，蒂宾根大学向他颁发了一张金光闪闪的证书，以说服魏尔德斯塔特城的地方长官继续为其提供鲁夫奖学金。开普勒最终如愿以偿："……开普勒最近被授予艺学硕士学位，他具备过人的才华和渊博的学识，前途无量。"[56]

开普勒正式开启了神学学习。这也意味着，旧日里他对圣餐教义的重重疑虑又一次被唤起：

1591年我获得了艺学硕士学位，之后我开始钻研神学。我买下一本亨纽斯（Hunnius）对圣经新约的注释读本[57]，我学会了根据他的观点举一反三，坚决捍卫教义，反对异端邪说，效果相当不错。神学教授兼神学院牧师格拉赫也曾向我传授他的观点。与之相比，亨纽斯的观点更加清晰，给我很多启发。然而，亨纽斯对《以弗所书》的注释立即引起了我的注意。他说，尽管基督肉身的普遍存在有"第一现实"（actus primus）和"第二现实"（secundus primus）之间的区别，且因为它有基督肉身之名，所以，它不是借由造物，而是借由逻各斯（Logos）而普遍存在。于是我得出结论，如果亨纽斯坚持这一认识，那么他与加尔文派针锋相对，对其施以贬损与恶言，实属不妥。……这场纷争使我心生强烈的厌恶。我逐渐意识到，耶稣会士和加尔文主义者在有关基督位格的问题上其实意见一致，他们都引用了早期基督教神父及其经院学派继承者和扭曲者的观点，他们的共同信仰与古典时代的思想一脉相承，而我们的异议则属于新兴的观点，由圣餐礼催生，并且最初并非针对罗马教廷。因此，我开始认真思考，是否应该支持对加尔文主义者进行谴责……[58]

开普勒默默思考，但并没有公开表达出这些疑虑。他很清楚，于他而言，成为一名神职人员的职业前景已然清晰可见，表达出这些疑虑无疑将使自己陷于不利境地。符腾堡地方教会恪守教条，绝不容忍对1577年的《协和信条》有丝毫偏离，而该信条中已经明确规定了新教教义以及圣餐礼。每位准牧师都必须签字认可《协和信条》。开普勒后来写道，因为前往格拉茨任职，他得以避免在这样的矛盾中做出抉择。[59]

通过艺学硕士学位考试后，神学院只对"布道"和"研究"两门课程评分。蒂宾根大学神学院深受新教正统学说[①]影响，尤其热衷于抨击加尔文派。校内正统神学界的领军人物包括大学校长和教堂教长雅各布·海尔布兰德博士（Dr. Jakob Heerbrand）、神学教授约翰·西格沃特博士（Dr. Johann Siegwart）以及神学院牧师兼神学教授斯特凡·格拉赫（Stefan Gerlach）。格拉赫对开普勒较为友善。马蒂亚斯·哈芬雷弗（Matthias Hafenreffer）是神学教授兼神学院第二牧师，他只比开普勒大十岁，开普勒和他的关系最为亲密。他坚守《协和信条》，但

马蒂亚斯·哈芬雷弗（1561—1619年），蒂宾根大学神学教授

同时也对加尔文派表现出一定的宽容，这与当时普遍的偏狭和论战态度形成了鲜明的对比。开普勒本人则秉持原始的新教观点，即每个人都可以自行解释圣经，这种自由思想生发于与罗马教廷斗争的年

①新教正统学说，或称新教经院哲学，是16至18世纪加尔文教和路德教正统化时期，新教神学家采用经院方法进行的学术神学。该思想起源于需要明确定义和捍卫本教会教义以对抗天主教会和其他新教教会的风潮。

代，如今却全然失去了生命力。

1594 年是开普勒学习神学的第三年。当年 1 月，蒂宾根神学院收到一封来自格拉茨新教神学校的信件，请求为其已故数学教师谋求继任人选。其时，奥地利的施蒂利亚、克恩顿、克雷恩和上奥地利等地的新教团体都没有自己的新教大学，所以在出现职位空缺时他们会向蒂宾根神学院求助。格拉茨新教神学校的牧师兼神学教授威廉·齐默尔曼博士（Dr. Wilhelm Zimmermann）也不例外。他本人也曾在神学院度过求学时光。学院随即询问开普勒是否愿意接受这个职位。学校考虑推荐开普勒为人选的首要原因可能是他在求解数学问题上的过人才华。但也不能排除另一种原因：尽管开普勒本人并未声张，学校还是对他所抱持的非正统信念有所耳闻。

开普勒对此犹豫不决，因为神学校数学教授的社会地位远不如牧师。然而，即使这与他对未来的最初设想截然不同，开普勒最终还是接受了这个职位，条件是未来能重返蒂宾根神学院完成学业。此外，前往国外工作还需要符腾堡公爵的许可，因为他曾是开普勒的学业赞助人。1594 年 2 月，开普勒去格拉茨就职的事情已经谈妥。3月5日，符腾堡的约翰·弗里德里希公爵（Johann Friedrich, Herzog von Württemberg）批准开普勒前往格拉茨担任数学教师。3月13日，开普勒在他的表兄赫尔曼·耶格尔（Hermann Jaeger）的陪同下动身前往格拉茨。在出发前，开普勒还拜访了在魏尔德斯塔特城的亲戚和在希尔绍的朋友，他略带伤感，与他们一一作别。3月11日，他用拉丁文给他的朋友雅各布·佐勒（Jakob Zoller）写下了如下内容：

> 如果你看到虚妄的图景，
>
> 如果你渴望抵达永恒，目睹神的旨意：
>
> 是什么使你抗拒，
>
> 放弃眼前虚妄，前行以求至善？
>
> 如果千疮百孔的学术使你孜孜不倦，
>
> 那么，完满无缺的学术又将带给你何种快乐？
>
> 灵魂啊，勇敢地忘记过往，
>
> 柳暗花明又将相见。
>
> 如果存活于世，每时每刻都意味着消逝，
>
> 诞生也是死亡的倒计时，
>
> 脆弱的人啊，你为何踌躇，
>
> 让时光流逝，破败后重生？[60]

第 3 章

格拉茨光荣领地的教师与数学家

　　1594 年 4 月 11 日是一个"复活节星期一"，开普勒和他的表兄经历 20 天的旅途，抵达了格拉茨。途中，二人在离开新教领地时"损失"了 10 天的时间。这是因为，按照原有的儒略历，昼夜平分点落在了 3 月 11 日。于是，教皇格里高利十三世（Gregor XIII）在 1582 年颁布了历法改革，将日期直接推迟 10 天，使平分点再次落于 3 月 21 日（该历法被称为"格里历"）。但新教地区则反对这一历法改革。新教徒坚称，他们宁愿违背太阳运行的规律，也不愿与教皇保持一致。[61] 从格里历颁布到 1700 年，德国一直并行两种历法。[62] 按照符腾堡所使用的历法，开普勒抵达格拉茨的日期

是儒略历 ①1594 年 4 月 1 日。抵达后他立即向学校督察提交了一份申请，向施蒂利亚公国官方请求报销他的差旅费用。这个请求很快就得到了批准。开普勒将他的证书交给了 4 名学校督察并接受了一场面试。此后学校通知他，学校将在一到两个月的试用期后决定其最终去留。

格拉茨新教神学校当时正面临极大的困境，我们很难推知开普勒对此有多少了解。同样，我们也不知道，当时的新教徒们在多大程度上认识到他们的处境正受到威胁。早在 1570 年，耶稣会士已经进驻施蒂利亚首府。他们在 1572 年成立耶稣会学院，在 1573 年建立文理中学，最后在 1585 年成立了一所大学。借此，他们不仅与新教地方学校争夺生源，更与整个新教教派展开斗争。[63] 那时的宗教分歧，偏执狭隘、纷争倾轧，其程度之深或许会令今天的我们难以理解。[64]

奥地利大公卡尔二世（Karl II，Erzherzog）最初对新教徒采取一定程度的宽容政策，继而转向更为强硬的立场，最后，他在耶稣会士的支持下转向公开抵制新教徒。此前，在 1570 年，他就曾招揽耶稣会士作为四旬期布道者。而促成政策转向的导火索恰恰是新教徒自己

---

① 本书如未特别说明"儒略历"，则为"格里历"。

的诽谤和恶意攻击。格拉茨新教神学校也多次遭遇办学危机。特别是在 1585 年，耶稣会大学成立之后，在卡尔二世及其妻子大力支持下，宫廷颁布的各项禁令对格拉茨新教神学校构成威胁。对此，学校只能置若罔闻，继续办学。1590 年，卡尔二世去世，在其子斐迪南（Ferdinand）成年之前，由其兄弟鲁道夫二世（Rudolf II）、恩斯特大公（Erzherzog Ernst）和马克西米利安大公（Erzherzog Maximilian）摄政，危机这才得以缓解。

格拉茨，铜版画，17 世纪初

学校内部也存在纠纷。这所神学校最初是地方议会为新教贵族和地方贵族后代而设立的，从 1569 年开始，也开始接收格拉茨市民阶层的儿子，但后者仍然只占少数。然而，地方议会一直不太愿意为学校投资。他们削减一切非必要开支，包括教师和教授的薪水。需要补充的是，当时教师的薪水大都非常低微，几乎只够一位单身汉勉强维持生计。[65] 因此，教师们不得不从事副业赚点外快来补充微薄的工资收入。有部分教师接收寄宿生，并优待他们，或者收受学生钱财，包庇其犯错，对他们违反校规的行为睁只眼闭只眼。地方领主对这些违规行为深恶痛绝，但他们不愿增加教师工资，以从根本上解决问题。学生行为不端、纪律混乱、不学无术，教师贪污腐败，一派怨声载道、乌烟瘴气的景象。[66]

1574 年，大卫·奇特劳斯（David Chytraeus）着手整顿学校秩序，他提出将学制划分为三年初级和四年高级，并任命了多名学校督察。他还多次改革学校规章制度，最后一次改革是在 1594 年 3 月。[67] 但所有这些改革都只是浮于表面。领主的持续不满也让学校内部暗流涌动，阴谋滋生。举个例子，在开普勒抵达格拉茨前不久，学校教师们对校长约翰内斯·帕皮乌斯博士（Dr. Johannes Papius）抱怨连连，大家怀疑其领导能力，有人建议他最好辞去校长职位，去当个领地医生。长久以来，学校处于一种过渡状态：继任者约翰内斯·雷吉乌斯博士（Dr. Johannes Regius）已经当选，而帕皮乌斯却仍然在履行校长职责。

可见，开普勒来到格拉茨时，这儿的局势可谓盘根错节，一触即发。来到格拉茨不久，开普勒便开始患上"匈牙利热病"，直到 5 月 24 日才能开始上课。[68] 对于新工作，开普勒自觉疏于准备。[69] 他并不缺乏胜任工作的才能，但还缺乏知识和经验。教学使他本人获益良多，在这个过程中，他不得不自主学习数学、物理和天文学理论。但对于他的学生来说，他的课程则是艰涩难懂的。开普勒也曾对此自我检讨。在课堂上，他如连珠炮般向学生灌输尽可能多的知识，又见缝插针地补充他头脑中灵光乍现的想法，这可能使许多学生难以招架。[70] 在他来到格拉茨的第二年便没有学生来上数学课了。不过这种情况在校史上倒也有先例。于是学校督察要求开普勒在高年级班级中每周教授 6 个小时的算术、维吉尔的诗作和修辞学，后来又加上伦理学和历史学，直到有学生重返数学课堂。[71]

或许没过多久，开普勒就感受到了格拉茨紧张的"前线"氛围：外有土耳其人对格拉茨虎视眈眈，在宗教生活中，新教徒也受到越来越多的限制。耶稣会士创建的学校迅猛发展，吸纳了各个社会阶层的学生，对新教神学校构成了巨大威胁。两派的学校学生之间多次互相"访问"并引发了闹剧，且大多以暴力冲突收场。

1596 年 12 月 12 日，卡尔二世的儿子斐迪南接管政权，他一年前才从因戈尔施塔特的耶稣会大学课堂上返回格拉茨。对于政局的变动，新教徒们的态度在懊丧绝望和盲目乐观之间摇摆不定。斐迪南没费多少工夫，也没做多少让步，就成功地让新教徒们为他效忠。他们没有预料到，几年内斐迪南就会将新教教堂和学校的职员驱逐出境，关闭新教神学校，并全面禁止新教徒在公共场所进行宗教活动。

让我们回到开普勒的职业生涯。在这一阶段，他不仅是格拉茨的数学教授，还是施蒂利亚公国"光荣领地"①的一位数学家。作为数学家，他的职责是每年编制一本包含占星和气象预测的日历。开普勒担任数学教授的年薪是 150 古尔登，编制日历的报酬则是 20 古尔登。开普勒的前任格奥尔格·斯塔迪乌斯（Georg Stadius）在这两个职位上获得的报酬分别是 200 古尔登和 32 古尔登。[72] 在当时，占星术非常流行，它是学院教育中的

---

① 光荣领地，或称"王室领地""官地"，指隶属于君主的区域。

一门课程，但遭到学术界越来越多的反对。有些反对者认为占星是"异教巫术"，有些反对者支持"自由意志"，批判"命定论"。开普勒则试图借鉴托马斯·阿奎那（Thomas von Aquin）的学说，将命定论与自由意志相结合。[73] 他总是有些担心，认为编写日历会损害自己的学术声誉。但他也安慰自己说这些日历几乎无法走出国门，而且占星术也是向人们传达普遍教义和真理的一种方式。

他的第一本日历书在 1595 年大获成功。预言中的土耳其入侵、气候严寒和农民骚乱一一应验。遗憾的是，这本日历并没有流传下来。我们只能通过一封开普勒写给马斯特林的信来还原这个故事。[74] 1594 年 10 月 1 日，开普勒送给施蒂利亚地区的各个领主、宫廷军事顾问以及社会名流人手一册日历，还给他在蒂宾根的老师和朋友们寄送了一些。

如果说天文学只是开普勒在蒂宾根时期的多个兴趣领域之一，那么在格拉茨，出于职业需要，天文学已成为他研究的核心。然而，对他来说，天文学始终与神学和哲学紧密相关。他在数量与几何问题中探寻上帝创世的奥秘。[75] 教师这一职业则使他拥有充裕的自由时间来研究这些问题，填补知识缺口。

开普勒提问的方式或许在很多方面都有别于同时代的其他科学家。他思考的是，为什么恰好有六颗行星（当时刚刚发明的望远镜只能放大 2 至 6 倍，因而无法观测到天王星、海王星和冥王星），为什么行星以特定的距离相对于彼此运动，以及行星与太阳的距离和行星公转速度之间是否存在关联。

理解哥白尼的"日心说"需要观察者放弃以自己为中心的视角，从太阳上的一个假想位置出发来想象这个世界。当观察者将观察点转回地球，就需要借助强大的抽象能力和空间想象力，才能将行星轨道的复杂组合想象为简单的圆形。探究日心说的行星模型就类似于进行一种视角转换练习。观察者的意识和视野本身成为观察和反思的对象，以克服地球视角带来的透视变形。

在认识论层面，哥白尼和开普勒的思考既依托于柏拉图《蒂迈欧篇》的观点，也依托于圣经中的创世故事。其中，对称性和有机和谐原则与柏拉图思想相承，毕达哥拉斯学派将这两大原则视为构建宇宙的基础。[76]而神性存在于造物的各个部分，也就因此可以被创造物所认识。上帝创造了世界，所以人类可以认识自己和世界。在人类的探索过程中，因果思维和目的思维互相交织，可以推知所谓的终极目的，即"目的因"。柏拉图认为，上帝在第一天创造了形式和数字，并借助五种正多面体的尺寸、数目和比例将其完美表达。五种正多面体都是由等边面构成的对称立体，同时还象征着五种基本元素。正六面体由六个正方形构成，对应土元素；正四面体由四个三角形构成，对应火元素；正八面体由八个三角形构成，对应气元素；正二十面体由二十个三角形构成，对应水元素；正十二面体由十二个五边形构成，对应天界的第五元素。在文艺复兴晚期，利用图像和符号思考的象征思维仍然占据主流。在之后的时代，它遭人轻视，那是后话。

在思考上帝的创世计划时，开普勒首先构思出了许多不同的可能性：

我的研究对象主要有三，即行星轨道的数量、大小和运动轨迹，我毫不懈怠，追根溯源，探究它们为何恰恰以眼前这种方式呈现。太阳与恒星静止不动，它们之间的空间静默着，与圣父、圣子、圣灵一同构成美妙的和谐，鼓舞着我开启这次冒险。……这些静止的事物展现出如此美妙的和谐，于是我毫不怀疑，运动的事物之间也存在相应的和谐。我首先从数目出发思考这个问题，考察是否可能存在倍数关系，如一条轨道是另一条轨道的两倍、三倍、四倍等，以及任意一条轨道与其余任意轨道的数据差异中是否存在某种关系。我投入了大量时间，迷失在这种算术游戏中，但是无论单看比例，或是比较数据差异，都不存在规律。我唯一的收获是，牢牢记住了哥白尼给出的所有距离数据。……

既然此路不通，我便又尝试了另一种非常大胆的解法。我在木星和火星、金星和水星之间各插入一颗新行星，假定它们由于体积过小而无法被探知，并赋予它们一个公转周期。我相信，在这种情况下，各个轨道之间就存在某种规律，即每两个轨道之间的距离相对于太阳逐渐减小，而相对于恒星逐渐增大。[77]

这个推论几乎完美无缺，但假定的新行星（后来证实是小行星带）与木星之间的距离过大，以致不成比例，而且这个模型既没能解释为什么恰好有六颗行星，也没能解释行星的顺序从哪里开始，在哪里结束。

五种柏拉图立体（从左到右）：正四面体（火），正六面体（土），
正八面体（气），正十二面体（天界的第五元素以太），
正二十面体（水）

整个夏天我都在这项艰巨的工作中虚掷光阴。最后，真相在一个毫不起眼的时刻与我不期而遇。我相信这是上帝的安排，就在不经意间，我得到了此前无论如何努力都找不到的答案。我相信这一定是上帝的安排，因为此前我一直向上帝祈祷，如果哥白尼宣扬的是真理，就让我的计划成功。儒略历 1595 年 7 月 9 日或者格里历 19 日，当我想向学生展示土星和木星的"大合相"[①]如何一次跳过八个星座，以及一步步从一个三角形

① "大合相"一般指木星和土星在天空中出现的距离最近的情况。这是迄今为止最罕见的裸眼可见行星（即不包括天王星和海王星）合相。

转到另一个三角形时，我在一个大圆里画了近似许多三角形、实则首尾相接的图案（下图所示即土星和木星的"大合相"）。这些近似三角形各边相交的点，形成了一个小圆，这也是这些近似三角形内切小圆，其半径是外接大圆半径的一半。这两个圆之间的比例看起来与土星和木星之间的比例非常相似，且三角形是第一个几何图形，而土星和木星恰好是最初的行星。我用一个四边形检验了第二对行星即火星和木星之间的距离，用一个五边形检验了第三个距离，用一个六边形检验了第四个距离。木星和火星之间的第二个距离也需要视觉上的协调，所以我在三角形和五边形上添加了一个正方形。……这次尝试还是徒劳无功，但它也是下一次成功探索的开端。我想，如果以这种方式，我将永远无法在保持图形秩序的同时将此规律推导至太阳，而且，它无法解释为什么会有六颗行星而不是二十颗或一百颗等等其他数目。但是我喜欢这些图形，它们是数量，是在天空诞生之前就存在的东西。第一天，上帝在创造物质实体的时候，也一同创造了数量，天空则是在第二天才创造出来的。所以我想，如果我能在无限多个图形中找到 5 个具有特殊性质的图形，并对应哥白尼给出的 6 个天体轨道的大小和比例，问题便迎刃而解了。如今我有了新的突破，我为什么要在空间轨道中研究平面图形呢？应该考虑的是立体！看吧，亲爱的读者，呈现在你眼前的正是我的发现，是这整本小册子的奥妙所在！[78]

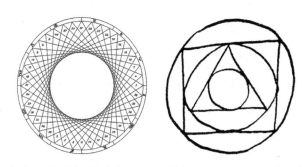

左图，木星与土星大合相示意图，出自开普勒著《宇宙的奥秘》
右图，开普勒 1595 年 9 月 14 日写给米夏埃尔·马斯特林的
信中的草图

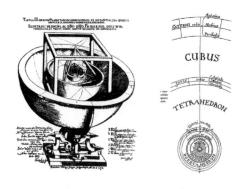

关于层层嵌套的柏拉图立体和行星天球的描述（左图出自
《宇宙的奥秘》，右图出自《世界的和谐》）

开普勒的基本设想是："地球是其他所有轨道的尺度。在地球轨道外接一个正十二面体，正十二面体外接火星轨道。在火星轨道外接一个正四面体，正四面体外接是木星轨道。在木星轨道外接一个正六面体，正六面体外接土星轨道。在地球轨道内接一个正二十面体，它内切金星轨道。在金星轨道内接一个正八面体，它内切水星轨道。这样，六颗行星这个数目就说得通了。"[79]

　　开普勒终于找出解法，他狂喜道："我永远也无法用言语表达我从这一发现中获得的快乐。那一刻，我再也不懊恼过去的徒劳无功，我也再不厌烦工作，计算再复杂，我也决不畏缩。过去的无数个日日夜夜，我埋头计算，等待我的有两种可能，要么这些等式的语言与哥白尼的轨道数据完美吻合，要么一切再次落空。"[80]

　　如若这些设想得到验证，开普勒打算尽快发表这些研究。他给老师马斯特林写信，信中充溢着兴奋之情，也难掩他扫清尚存疑虑的决心和激情。开普勒的发现使马斯特林深感震撼，他给开普勒提出了建议，并在随后的一年里积极推动开普勒首部著作的出版事宜。

与此同时，开普勒也意识到他在格拉茨新教神学校的尴尬处境。儒略历 1595 年 5 月 7 日或格里历 17 日，他给马斯特林写了一封信，信中他预估自己在格拉茨停留的时间不会超出 1596 年。他询问马斯特林，他能否解除符腾堡宫廷给他的义务；他的特别赞助人（前新教神学校校长）约翰内斯·帕皮乌斯将告知他其余事宜。帕皮乌斯那时刚从格拉茨搬到蒂宾根，他此前获得了一份在蒂宾根的医学教职。他建议开普勒离开这所神学校，另找一所工资体面的大学教书。

然而，开普勒很快就把对学校的忧虑抛诸脑后，沉浸于发现"宇宙奥秘"的喜悦中。1595 年，从夏天到秋天，他孜孜不倦，伏案撰写《宇宙的奥秘》（*Mysterium Cosmographicum*）。1596 年 1 月底，开普勒终于亲自将手稿带到蒂宾根，准备进行印刷。他为此行给出的正式理由则是自己的祖父塞巴尔德·开普勒病情危急。[81]

开普勒在符腾堡停留的时间长达 7 个月，远远超过了原计划的 2 个月。原因在于，除了准备出版《宇宙的奥秘》一书，开普勒在这期间还向符腾堡的约翰·弗里德里希公爵提议将他的行星模型制作成银制餐具。在这个模型里，半球层层嵌套，每个半球都可以盛装不同的饮料。然而，设计初稿完成后，公爵决定放弃制造餐具，转而依照开普勒的设计图制作天象仪。但天象仪最终没能成功落地。这个项目耗时超过一年，花费了大量人力物力，但由于技术困难太多，制造成本飙升，最终宣告失败。

不过，开普勒也并非毫无收获，公爵因此记住了他，即使在呈交日历之后，公爵也还是简单酬谢了他。总之，开普勒知道怎样做才能够充分地宣传自己和自己的第一部著作。写于1595年11月15日的信件表明，早在该年11月，开普勒就向皇家数学家雷马鲁斯·乌尔苏斯（Raimarus Ursus）介绍了他的《宇宙的奥秘》。然而，直到1597年春天，书籍出版后，乌尔苏斯才回复了他的来信。

1596年5月初，具体日期是儒略历5月1日或格里历11日，开普勒获得了在蒂宾根大学出版《宇宙的奥秘》的正式许可。1596年5月15日，他写下了致施蒂利亚领主的献辞。马斯特林多方考察，说服了约翰·弗里德里希公爵和蒂宾根的印刷商格奥尔格·格鲁彭巴赫（Georg Gruppenbach），为书籍出版铺平了道路。

他还承诺在开普勒离开蒂宾根后监督印刷工作。

虽然时有困难，但一切似乎都顺遂心意，向前推进着。开普勒对自己首部作品做了文辞上的润色。他听从了哈芬雷弗的建议，删去了开篇关于"日心说"行星模型是否与圣经相矛盾的议论，以免惹来不必要的敌意，并根据马斯特林的建议，将雷蒂库斯（Rheticus）关于哥白尼《天体运行论》的"初述"（Narratio Prima）录入书中，方便读者理解。

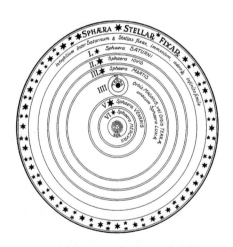

尼古拉·哥白尼的"日心说"模型，摘自雷蒂库斯的"初述"，1596 年由米夏埃尔·马斯特林编辑出版

但还是有一丝不安的情绪掠过开普勒在符腾堡的日子：那段时间，他曾尝试缔结一段婚姻，但过程并不顺利。经朋友介绍，开普勒注意到了格拉茨的年轻寡妇芭芭拉·米勒（Barbara Müller）。确切地说，芭芭拉·米勒在 23 岁的时候就已两次丧偶。16 岁时，她被迫嫁给年长她二十多岁的宫廷木匠沃尔夫·洛伦茨（Wolf Lorenz）。沃尔夫·洛伦茨去世后，她又与同宗的马克斯·米勒（Marx Müller）结婚。她与第一任丈夫育有一女，名叫雷吉娜·洛伦茨（Regina Lorenz），出生于 1591 年 9 月 7 日。1595 年 10 月 24 日，马克斯·米勒去世[82]，很快，芭芭拉便又成为当地婚姻市场上的抢手货。芭芭拉是富裕磨坊主乔布斯特·米勒（Jobst Müller）的长女。在当时，人们结婚时最看重的是经济条件，芭芭拉的经济条件便使她成为这样一块香饽饽，有许多媒人为她说亲，追求者络绎不绝。开普勒在 1595 年 12 月的一段笔记中隐晦地表露，他第一次听说了他的"维纳斯女神"。1596 年 1 月底动身前往符腾堡时，他请医生约翰·奥伯恩多夫博士（Dr. Johann Oberndorffer）和神学院布道士海因里希·奥修斯（Heinrich Osius）为他做媒。他还把此事告知了校长约翰内斯·帕皮乌斯。

在符腾堡，开普勒焦灼等待着来自格拉茨的消息，期盼着求婚的新进展。最初，回信显得信心满满，两人结婚的事情好像已经清清楚楚、板上钉钉。[83] 此后，在雷吉乌斯写给帕皮乌斯的一封信中，对于订婚事项的疑虑首次浮现，又随即消散。帕皮乌斯告诉开普勒，雷吉乌斯已经来信。他建议开普勒尽快返回格拉茨，途经乌尔姆时，最好买些上好的丝绸，或至少是最优质的双面缎布，为他和他的未婚妻备好制衣的布料。[84] 但开普勒没有急于行动。夏末，开普勒终于返回格拉茨，他两手空空，既没有买丝绸，也没有买缎布。一个坏消息令他猝不及防，回到格拉茨，居然没有人来向他贺喜，令他十分讶异。他这才得知，婚事已经黄了。芭芭拉·米勒的父亲乔布斯特·米勒似乎是这桩婚事的主要阻力。

开普勒才刚刚做好结婚的思想准备，一筹莫展之际，他又不得不搁下这个念头。最后，他不再抱有任何期待，决定无论如何都要离开格拉茨。他自我劝解，认定这婚事于他无关痛痒，此时意外的转机却出现了。开普勒曾向新教教会最高机关提出申请，要求对他的婚事进行裁决。开普勒就婚事向公共机关求助，这个举动显然是对未婚妻方面的威胁。未婚妻一方提议私下和解，显然这不过是缓兵之计。1597 年 1 月 17 日，开普勒提出申请，坚持要求官方仲裁，才使对方妥协。[85]1597 年 2 月 9 日，双方正式订婚。

约翰内斯·开普勒与他的第一任妻子芭芭拉，约 1597 年

回顾起来，对开普勒来说，整件事情起伏波折，就像一出喜剧。他原先计划在教会事工做出裁决后就离开格拉茨，但是现在，他自然得留下。1597 年 2 月 10 日，开普勒将《宇宙的奥秘》最终修正稿寄给马斯特林交付印刷，这也意味着，这本书很快就能出版了。他再次向马斯特林表达了深深的感激，并请求尽快寄回印刷的书本，因为他希望在复活节后的议会会议上将此书赠送给委员们。

婚礼前夕，开普勒得知《宇宙的奥秘》已经完成印刷。然而，他的信件并没有流露出对婚期将至的喜悦。他保持着克制，好像不敢相信这份幸福。1597 年 4 月 27 日，这对夫妻在格拉茨的新教学院式教堂举行了婚礼。开普勒表示，从星相上看，这天并不是结婚的吉日。[86] 为了能按当地的习俗举办婚礼，他负债累累。他希望在婚后，妻子的财产能够填补一些他的生活开支，助他安心钻研。开普勒与妻子及继女一同搬进格拉茨的斯坦普弗街，不谈未来如何，至少他们拥有眼前的幸福生活。1597 年 9 月，他告诉老师马斯特林："我们都乐于享受这顺遂安适的婚姻生活。当太阳与初始位置形成方照的时候，这句话的弦外之音也将揭晓。"[87]

《宇宙的奥秘》出版后，开普勒又开始费心奔走，想要把书赠送给各位友人、上级、老师和名流。他还给远在意大利的伽利略·伽利莱寄去了一本《宇宙的奥秘》。伽利略礼貌回信，表示认同哥白尼的学说，但也表达了对公开支持哥白尼理论的担忧。收到伽利略的回信使开普勒喜出望外，[88] 他立刻热情回复："勇敢一点，伽利略，站出来。我认为，现今欧洲主要的数学家里很少有人想与我们割席，真理的力量便是如此令人折服。……我还想请求您能给我提供一些观测数据。我没有仪器，求助实属无奈。"[89]

开普勒索要这些观测数据，是想要弄清是否可以借助恒星视差值来确定恒星之间的距离。开普勒原本期待能与伽利略有一场酣畅淋漓的思想碰撞，但伽利略再未回信，此后态度也非常冷淡。即便如此，开普勒依旧积极谋求与伽利略取得共识。之后，在 1599 年夏天，开普勒又托人给伽利略带去了他《世界的和谐》（*Harmonices Mundi*）一书的草稿，[90] 但伽利略依旧没有回复，这些稿件最终出现在伽利略的遗物中。开普勒所托之人很可能是埃德蒙·布鲁斯（Edmund Bruce）。埃德蒙·布鲁斯一直为提高开普勒在意大利的知名度操心奔忙。在写于 1602 年 8 月 15 日和 1603 年 8 月 21 日的两封信中，他告诉开普勒，伽利略把开普勒的发现据为己有。[91] 开普勒的回应则非常大度。他写信给埃德蒙·布鲁斯说：

能有一位您这样的友人，虽远在意大利，仍热心帮助我宣传，实在是我的幸运。但我也想告诉您，万不可对我抱有名不副实的评价，也不要在他人面前对我过分称誉。您应该知道，建立在欺骗之上的观点终会遭人鄙夷。倘若伽利略真将我的成果据为己有，我绝不会阻拦，因为昭昭日月就是我的证人。那些受过良好教育、懂得理性思考的人，他们相信我的证人，也就永远不会受骗。[92]

回到书籍出版的时候，那时虽不乏批判甚至贬损的声音，《宇宙的奥秘》一书还是为开普勒在学术界赢得了"才华横溢、博学多识、年轻有为"的声誉。霍恩堡的约翰·格奥尔格·赫瓦特（Johann Georg Herwart von Hohenburg）作为巴伐利亚长官，在阅读此书后，通过工作关系找到施蒂利亚执政官兼枢密顾问伊莱亚斯·格里恩贝格博士（Dr. Elias Grienberg）[93]，并通过他联系上开普勒，请求开普勒为他解答一些年代学方面的问题。

开普勒如愿赢得了赫瓦特的情谊。这次通信之后，开普勒与赫瓦特保持了密切的交流，并且持续多年。他们交流的话题主要是科学思想，赫瓦特在此期间不断给予开普勒鼓励和支持。

1597 年 5 月底，也就是开普勒在 1595 年 11 月 5 日写下信件约一年半之后，皇家数学家尼古拉斯·雷马鲁斯·乌尔苏斯的回信姗姗来迟。[94] 他得知《宇宙的奥秘》已经出版，请求开普勒给他寄送一本。乌尔苏斯解释，此前他在进行年代学研究，因此回信较晚。他随信寄给开普勒一本他的《年代剧场》，承诺将仔细阅读《宇宙的奥秘》，然后再给出自己的评价。这个承诺最终没有兑现。

幸运的是，在丹麦天文学家第谷·布拉赫（Tycho Brahe）那里，开普勒没有碰壁。1597 年 12 月 13 日，他给第谷·布拉赫写信，询问第谷对《宇宙的奥秘》一书的看法。他推测，第谷案头已经有了这本书，事实也的确如此。[95] 第谷在儒略历 1598 年 4 月 1 日回信道：

去年 12 月 13 日，您在施蒂利亚给我写了一封信。今年 3 月初，它经由赫尔姆施塔特地区的信使辗转来到我手中。你我素未谋面，相距甚远，而您的信不仅展现了您的才学，还表达了对我友好亲切的态度，对此我深表感谢。此前我事务缠身，但还是抽时间通读了这本您所谓"宇宙学论文的先驱"。它确实非同寻常，给我留下了深刻的印象。凝练而优雅的文字将您的敏锐判断和精深学识展露无遗。将行星的距离和轨道与正多面体的对称性联系起来，无疑是一个别出心裁的想法。这个模型似乎与哥白尼的实际数据相当吻合，在各处仍有一些微小的偏差，但这也无伤大雅，因为这些数据与实际观测也存在相当大的差异。……如果您能找到一种普遍的和谐，所有的数据都毫无瑕疵，也能完满解释所有的问题，那么您将无愧为一位划时代的伟人。如果您需要我在这些复杂的研究中提供帮助，我任何时候都愿意敞开大门，倾力支持。如果您能到访并与我当面交流学术，我将倍感欣喜。[96]

而在儒略历 1598 年 4 月 21 日写给马斯特林的信中，第谷则更明确地表达了对开普勒这一演绎过程的怀疑。"开普勒将正多面体与行星轨道联系起来，更依赖先验直觉而非经验观察。我认为，如果想要通过这种方式推动天文学发展，那么抵达真理的路途将异常漫长，甚至可能永远无法抵达。"[97]

让我们回到 1597 年：婚后，开普勒写下了一篇自我分析的文章。在前文，我们已经多次引用了这一分析，初步描摹了开普勒的形象。他对他本人和人生的洞察清楚表明了他对自我和占星术的批判态度。他并没有为自己掩饰什么，恰恰相反，尽管他也了解自己的优点，他更着重分析了自己的缺陷。这篇自我分析的文章以第三人称写就：

这个人简直是一条狗。他就像一条被宠坏的家犬。

他的体态像狗一样，敏捷、瘦削、匀称。他的饮食习惯也和狗一样，他喜欢啃咬骨头，咀嚼硬面包皮，他贪食无度，只要眼前有吃的，他就疯狂进食。他不爱喝水。他很容易感到满足。

他的性格也像一条狗。他像一条家犬，勤勤恳恳讨好上级。他总是依赖他人，为他人效劳，即便遭到责骂，他也不会生气，而是想方设法寻求和解。他对科学、政治、家务乃至最简单的一切事情刨根问底。他总是没有消停，跟随他人的思路，学着别人做这做那。

他对聊天没有耐心，而对那些家里的常客，他则像一条狗一样过分热情地欢迎。一旦有人夺走他的东西，哪怕只有一点点，他也会像狗一样愤怒狂叫。他很固执，对那些举止恶劣的人，他大声责骂。他也喜欢挖苦别人，话里总是带着尖锐的讥讽。大多数人讨厌他，对他敬而远之，但上级却器重他，因为他像家犬一样尽心效忠。他也和狗一样怕水，害怕洗澡、泡水和冲淋。

……现在再来谈谈他脾性里还算不错的部分，比如正直、虔诚、忠实、具有荣誉感以及品位高雅。最后来讲讲他那些处于中间地带或者说好坏参半的特质，比如求知欲，比如不畏劳苦无功、竭力追求崇高。[98]

这一段文字简洁却引人注目。在开普勒 1599 年 4 月 9 日和 10 日写给霍恩堡的赫瓦特的信中，他也详细讲述了他对自己和对占星术的看法。[99] 尽管疑问多于肯定，尽管没有确凿证据，他仍坚信，天体的排列能够对地球和人类施加影响。开普勒认为，这种关系就和几何学一样，也遵循和谐的法则。在这里，他也运用了类比、类型和原型思维：[100]

地球是实体，也是上帝创造的图像。人类的肉身是世界的映像，是微观的宇宙，人们的身形样貌、微妙情绪、命运起伏，也都是受制于天空中星体排列组合出的复杂图像。……我们可以观测天体在某个瞬时的排列，那么在人类身上就会有一些持久的特质与之相对应，我称之为情绪、身体和命运的共同特征。[101]

在这封信中，开普勒还提及了妻子芭芭拉的星盘：

如果一个人出生时，象征欢乐和幸运的木星和金星相位不佳，那么你就会发现，尽管这个人正直又明智，他却很少交到好运，常常是霉运不断。我就认识一位这样的女人。她的品德、纯洁和谦逊使她在全城享有美名，然而她头脑简单，身材臃肿。……无论面对何事，她都感到困惑不解，不知所措。对她来说，分娩是一件难事，其他任何事情也都是如此。[102]

也就是在这段时间，幸福的婚姻遭受命运的打击。1598年2月2日，芭芭拉·开普勒生下了他们的第一个孩子海因里希（Heinrich）。海因里希出生时，星象非常吉利，但仅仅2个月后，他就因脑膜炎去世。1599年6月12日，他们的第二个孩子苏珊娜（Susanna）出生，但她一个多月后也死于同样的疾病。这令开普勒悲痛不已。格拉茨地区禁止新教牧师从事宗教活动，因此开普勒不久前才让苏珊娜在拜尔多夫接受了洗礼，开普勒也因此被罚款10塔勒。经请求，罚款减半，但他仍需要支付这笔款项。

斐迪南上台后，格拉茨地区新教教徒的处境日益恶化。最初，大多数新教教徒在希望和恐惧之间摇摆不定。1598 年初夏，斐迪南启程前往意大利，格拉茨一时谣言四起。儒略历 1598 年 6 月 1 日或格里历 11 日，开普勒在写给马斯特林的信中描述了当时的情况：

……大家都很害怕斐迪南返程。有人说他将召来意大利方面的援军。新教的市民议会已被解散。守卫城门和武器库的任务已经移交给了天主教徒。流言四起，人心惶惶。[103]

斐迪南从意大利返程后，情势进一步恶化。开普勒在 1598 年 12 月 8 日写给马斯特林的信中描述了这一系列紧张事件：

斐迪南大公刚从意大利回来，便有人分发一些铁制小人，嘲弄教皇。斐迪南召见了教会委员会的主席并表示："即使我愿意给予你们和平，你们仍对它嗤之以鼻。"斐迪南因此下令将一位书商投入监狱，即使他是议会官员，也未能幸免。这些事都发生在 7 月。……接下来的 8 月则拉开了悲剧的序幕。格拉茨的大司铎假托一项传统上属于该地区大司铎的权力，正式下令禁止新教传教士进行任何宗教活动，包括施行圣礼和主持婚礼。……[104]

1598 年 8 月 13 日，格拉茨天主教的城市牧师洛伦茨·索纳本特（Lorenz Sonnabenter）在一封信中提出了上述要求，他表示，自己由世俗和教会当局任命，拥有格拉茨的宗教管辖权。[105] 根据 1555 年《奥格斯堡和约》的规定，索纳本特的要求是合法的，因为当时的领地统治者是天主教徒。这封信没有得到回应，索纳本特随即向斐迪南大公提出请求，希望废除新教的教会机构。斐迪南大公于 1598 年 9 月 13 日颁布法令，批准了这一请求。法令规定，在 14 天内关停"格拉茨和尤登堡境内的所有新教修道院、教堂和教育机构"，且期限过后，所有有关人员都不得在施蒂利亚地区逗留。[106]

议会的抗议未能使斐迪南做出让步。新教的修道院牧师和教师们必须在 1598 年 9 月 27 日晚上以前离开格拉茨，并在 8 天后离开施蒂利亚地区。对于这项命令，他们深感沮丧却毫无抵抗之力，只得向匈牙利和克罗地亚方向出发。他们只能带上生活必需品上路，妻儿则留在原处。这些被驱逐者得到了行程的费用，工资则等候另行通知（直到一年后，他们才最终被解雇，这也意味着格拉茨新教神学校的终结）。他们中的大多数停留在施蒂利亚边境附近，期待可以尽快返回。然而，只有开普勒一人实现了这个愿望。开普勒有一些有影响力的朋友，他们介入此事并向斐迪南大公指出，开普勒数学家的职位与宗教事务无关。多亏他们，开普勒才得以返回。开普勒向斐迪南请求确认他的中立职位不受驱逐令的限制，获得了积极的回复：

> 他应当谨言慎行，时时谦逊处事，且言行无可指摘，如此一来，尊敬的殿下便不会收回这次宽宥。[107]

格拉茨能否迎来和平尚无定论，于是开普勒询问马斯特林，如果自己将来申请蒂宾根或其他地方的教授职位，是否可以帮自己说情。最初，开普勒谨慎、委婉地表达这一请求。后来，格拉茨的危局愈演愈烈，毫无好转的希望，他的这一请求也越来越迫切。但这些都遭到了马斯特林的无视。能在蒂宾根获得一个教授职位，这是几乎贯穿了开普勒一生的梦想，但最终还是没能实现。

对开普勒来说，1598 年到 1600 年这段时间令人沮丧，他最终不得不离开格拉茨。但在科学方面，这段时光却是硕果累累。没有了教学任务的束缚，他得以更多地投入科学研究。他沉浸在和谐理论中，撰写了《世界的和谐》一书的草稿，将托勒密的《谐和论》翻译成拉丁文，阅读了欧几里得、雷吉奥蒙塔努斯的著作和克拉维斯（Clavius）的《三角计算学》。[108] 他继续钻研年代学问题，并依靠为当地的贵族占星赚取一定报酬。其余时间，开普勒也利用自制仪器观测天空。1598 年 12 月 16 日，他给赫瓦特写信，信中这样描述这一仪器：

别笑话了，朋友，我已经叫你看见这个神奇的宝贝了！除了木头，我买不起其他材料，而且我知道，所有的木头都会随着空气的变化膨胀、开裂、变宽，所以我制造了一个新的仪器。其中所有必须精细固定的部分都由木片支撑，外围纤维的长度可以伸缩。我做了一个三角形，边长分别为 6 英尺、8 英尺和 10 英尺……。我在直角处悬挂起这个三角形，……将斜边，即 10 英尺长的那条边分割成最小的部分，并将瞄准器固定在一边上。[109]

开普勒继续寻找恒星视差，但徒劳无获。他苦于无法测量恒星的距离。有别于库萨的尼古拉和乔尔丹诺·布鲁诺（Giordano Bruno），他不相信宇宙的无限性。他自我安慰道：

不过，比起宇宙的广袤无垠，我们更应该讶异于渺小的人类、渺小的地球以及所有的行星都是何等的微不足道，想到这些，也令人倍感宽慰。对上帝来说，世界并非广阔无边，相较于这个世界，我们人类才实在是小得可怜。[110]

开普勒请求赫瓦特帮他获取约翰内斯·维尔纳（Johannes Werner）的观测资料，几经周折，开普勒得知自己找错了方向，他想要的观测资料是雷吉奥蒙塔努斯和他的学生伯恩哈德·瓦尔特（Bernhard Walther）收集的，而不是约翰内斯·维尔纳的。对开普勒来说，"这些观测资料远胜于国王赏赐的任何珍品。"[111]

开普勒没有精准的测量仪器，只能依赖于其他人的观测资料。所以，新近与第谷建立起来的交情对他来说至关重要，第谷是那个时代公认的装备最优、最可靠和最有经验的天文学家。然而，乌尔苏斯和第谷之间的争执影响了开普勒与第谷之间的关系，乌尔苏斯将开普勒卷入这场争端，他在自己与第谷针锋相对的论著《关于天文学的假说》（1597 年在布拉格出版）中刊登了开普勒写给自己的第一封信，信中满是溢美之词，而开普勒对刊登一事毫不知情。书中，乌尔苏斯声称自己是第谷宣扬的行星模型的原作者，即行星环绕太阳，而太阳则围绕地球运转。[112]

现在，开普勒不得不在两人之间选边站队。他写信给第谷，说称赞乌尔苏斯是他年轻时的冲动之举，那时，他只听说了乌尔苏斯的种种好处。"那时，我只是一位无名小卒，想要找到一位靠山，可以为我的新发现背书。我乞求他施予我慷慨，但如您所见，他甚至会剥夺一名乞丐的所有。"[113] 开普勒说，乌尔苏斯利用了年轻后辈对他的崇拜之情，不仅卑鄙地欺骗了开普勒，将信件公之于众，更是"极尽诋毁之能事"。因此，后来第谷要求开普勒写一份反对乌尔苏斯的辩护声明。

我们也可以从开普勒的信件中窥见他对第谷的态度。在写于儒略历 1599 年 2 月 16 日或格里历 26 日的信件中，开普勒表示：

我对第谷的评价如下：他非常富有，但就像大多数富人一样，他不知道如何使他的财富物尽其用。因此，我们必须努力用好他的财富。于我而言，我是以谦逊的态度如此行事的：乞求他下定决心，毫无保留地公开他的观测结果，而且是全部都公开。[114]

这听起来像是一场精心的谋划。在后面的故事中我们也可以看见，开普勒如何毫不动摇地执行这一计划。他计划，一旦有了免费旅行的机会，他就会立刻去拜访第谷。

与此同时，格拉茨的局势进一步恶化。

最近几年新建的教堂也被摧毁。……斐迪南大公下定决心并起誓，绝不容忍领地上有任何新教的拥趸，也不允许有新教教堂的存在。事态发展到这一步，没有人站出来再做些什么了，也没有人能再做些什么了。这个城市已经不容许新教信仰了，如果这个城市的新教徒中有人无法宣誓改变信仰，他们就会被放逐，且不能远走投靠贵族。他们必须留下财产的十分之一，包括动产和不动产。在这种情况下，我四处寻找可以免费去布拉格拜访第谷的机会，在那之后或许我将考虑把布拉格选为我的定居之地。[115]

第谷·布拉赫（1546—1601年），J. 德·盖恩（J. de Gehyn）绘制的铜版画，1586 年

神圣罗马皇帝鲁道夫二世，埃吉迪乌斯·萨德勒（Aegidius Sadeler）绘制的铜版画，1609 年

最终，在 1600 年 1 月 11 日，格林比厄尔和斯特雷肖的约翰·弗里德里希·霍夫曼男爵（Freiherr Johann Friedrich Hoffmann zu Grünbüchel und Strechau）为开普勒提供了跟随其前往布拉格的机会。1599 年，第谷·布拉赫开始为神圣罗马帝国皇帝鲁道夫二世服务。鲁道夫二世为他提供了布拉格附近的贝纳特克城堡作为住所和研究中心（位于伊泽拉河畔贝纳特基）。1600 年 2 月 4 日，开普勒拜访第谷，他在贝纳特克城堡受到热情款待，并应邀在城堡住下，与第谷共同开展工作。

然而，开普勒很快就感到了失望。对于公开观测数据，第谷非常吝啬，在数据处理方面，第谷也远远落后。开普勒的目标是证实《宇宙的奥秘》一书的结论，并且获得相关数据，支持他正在筹划中的关于"宇宙和谐论"的新书。但他不得不承认，他无法在短期内获得这些对他和他的事业来说极为重要的观测材料，即使能够获取，进行必要的计算也将耗费他数年的时间。而第谷则希望有人帮忙，主要是完成计算工作，以便尽快出版自己的著作。繁重的计算工作令开普勒难以得到喘息，但工作所得收入却十分微薄。此外，这里的家长里短也令他不胜其烦，他感到不满，变得越来越烦躁。一天用餐时，开普勒觉得自己受到冷落，终于爆发。第谷请他的朋友约翰内斯·杰森尼乌斯（Johannes Jessenius）前来调解，却适得其反。开普勒愤愤不平，最后离开了贝纳特克城堡。他写下书面承诺，保证不泄露第谷的观测数据，才得以离开。[116]

　　几周后，开普勒才很不情愿地写下一封信，承认自己在争吵中的过错。第谷虽然也感到失望，但接受了开普勒的道歉。[117]双方可能都很清楚，他们需要对方的帮助。6月初，开普勒返回格拉茨，还有许多问题悬而未决，比如鲁道夫二世尚未批准雇用开普勒，但开普勒与第谷合作的基本条件已经确定。开普勒希望继续担任领地数学家以维持稳定收入，或者成为斐迪南大公的宫廷天文学家。7月初，开普勒给斐迪南大公写了一封自荐信，信中他附上了他关于即将到来的 1600 年 7 月 10 日的日食的论文，借此展示自己的高超技艺。[118] 但他的专业水平、他与第谷的良好关系都没能帮助他获得职位。实际上，开普勒对 1600 年 7 月 10 日的日食的研究对获得职位毫无帮助，只有他本人以及物理学家同行们后来会从中获益，他还根据"暗箱原理"专门建造了一个观测装置。

在议会代表那里，开普勒也没有交到好运。开普勒得知，他们只愿意继续雇他当医生。为此，他需要在秋天前往意大利，去学习必要的知识。但此时开普勒已经无法离开天文学了，他希望能在第谷那里"获得更准确的偏心率数值，以验证《宇宙的奥秘》的结论与……和谐理论。因为这些先验的假设不能违背日常经验，而必须与其相一致。"[119]

与此同时，政治形势急剧恶化。1600 年 7 月 27 日，所有格拉茨的男性市民被召集到圣血教堂。他们被告知，必须在 1600 年 8 月 1 日表明自己的信仰。缺席者将面临 100 金古尔登的罚款，而承认信奉新教者将在 45 天内被驱出境。开普勒是为数不多的继续坚持自己信仰的市民之一，这意味着他必须在 45 天内离开格拉茨。9 月 9 日，他最后一次在格拉茨向他的导师马斯特林求助。他告诉马斯特林，他将接受第谷·布拉赫的邀请，前往布拉格与他合作。开普勒打算把家人留在林茨。但他尚未完全放弃回到符腾堡的希望，他请求马斯特林：

也许你会给我一个小小的教职。实际上，我原本渴望变得富有，现在却落得一贫如洗。[120]

第 4 章

布拉格的皇家数学家

1600 年 10 月 19 日，开普勒拖着病体抵达布拉格。彼时他患有疟疾，咳嗽不止。与最初的计划相反，他把家人带到了布拉格，把家当留在了林茨。这样做是因为他害怕家庭成员在异乡生病，而没有家人在侧照料的情况。[121]

开普勒曾犹豫是否要选择布拉格这座城市，因为在他看来，去符腾堡尚有一线希望。在林茨时，他曾期望收到马斯特林的来信，邀请他去符腾堡，但终究无果。在 1600 年 9 月 9 日写给马斯特林的信中，他坦言他担心在布拉格会遭遇财务危机。[122] 无疑，他被皇家的光环和第谷观测材料的声名所吸引。然而，选择这份工作也就意味着面对财务压力，在工作中依附他人的处境以及前程的不确定性。他卑微地请求马斯特林为他在蒂宾根觅得一个教授职位，但一无所获。在布拉格，他收到了马斯特林对其在格拉茨发出的最后一封求助信的回应，这让他陷入彻底绝望。儒略历 1600 年 12 月 6 日或格里历 16 日，他写信给马斯特林说：

> 12 月 9 日，我在布拉格收到了你写于儒略历 10 月 9 日（格里历 19 日），即我到达布拉格的当天所写的信。……途中，我染上疟疾，您的来信更令我痛苦万分、难以言喻，因为它使我去您所在大学任教的希望全部破灭。布拉格的一切在我眼中都是动荡不安的，包括我的生命。我必须继续待在这里，直到康复，或者死去。[123]

1601 年 2 月 8 日，仍在病中的他再次写信给马斯特林寻求安慰和答复，[124] 但这封信，以及接下来 4 年所有写给马斯特林的信件，全部石沉大海。我们并不知晓马斯特林不作任何回应的原因是什么。事后，马斯特林曾表示，他保持沉默是因为对于开普勒的请求，他也无法提供其所期待的解决方案。不管怎样，在这个至关重要的时期，开普勒失去了来自故国家乡的支持。

在抵达布拉格之前，开普勒就已于 1600 年 10 月 17 日向已经移居布拉格的第谷写信，详细叙述自己遭到驱逐、停发薪水的窘境。他请求第谷尽快就他的事项作出决定，否则他必须得另谋生计。搬家已浪费了不少钱财，他不知道自己还能维持多久[125]，但当前的困境让他并没有多少选择的余地。尽管仍持续发烧咳嗽，开普勒到达布拉格后便立即着手第谷交给他的第一项任务：写一篇辩护文，反驳雷马鲁斯·乌尔苏斯的主张。乌尔苏斯主张，他本人才是"地日心假说"的原创者，而非第谷。根据这一假说，水星、金星、火星、木星和土星绕太阳运转，而太阳则绕地球运转。在此之前，开普勒曾就这封他写给乌尔苏斯、而后又被乌尔苏斯公开发表的赞美信向第谷进行了解释，请求其原谅，但第谷仍然坚持这一请求。开普勒表示，这样一份辩护书会有损第谷的清誉，但这也没能说服第谷。因此，尽管百般不情愿，开普勒仍然开始撰写这份《赞同第谷，反对乌尔苏斯的辩护书》(*Apologia pro Tychone contra Ursum*)，而乌尔苏斯却已在此期间离开了人世。

接下来的秋天，冬天和春天，开普勒都在写这封辩护书，他也依旧饱受疟疾的折磨。然而，这份文稿最终没有完成，直到 1858 年，它才收录进《约翰内斯·开普勒天文学著作全集》(*Joannis Kepleri Astronomi Opera Omnia*)第1卷并最终问世。尼古拉斯·贾丁(Nicholas Jardine)是这份辩护书的英文译注者,他将其视为科学技术史与科学理论的开篇之作,并表示如果这份辩护书当时就得以发表,它将成为与勒内·笛卡尔(René Descartes)的《方法论》和弗朗西斯·培根(Francis Bacon)的《新工具论》并列的名著。他将开普勒的辩护书与同时代的作品进行比较,向世人表明,开普勒在书中首次将科学进步作为历代学者接续努力的结果来加以描述。

布拉格城堡周边的城堡区,据格奥尔格·霍夫纳格尔
(Georg Hoefnagel)作品绘制的铜版画

开普勒在辩护书中始终避免在第谷和乌尔苏斯关于"地日心行星模型"的版权争议中选边站队。相反,他用自己的观点驳斥乌尔苏斯的假说中站不住脚的部分。他巧妙且有力地论证了,如果没有真实性的概念,科学将变得过于随意。乌尔苏斯曾表示,只要在计算上可行,天文学假说可以不追求真实性。乌尔苏斯认为所有的理论无外乎是一连串的荒谬和错误，所以更好的选择是把它们限制在可以计算的范围内。开普勒对此持反对意见，他认为没有绝对的假说，也没有无可争议的学说。天文学家要为他们最信服的学说辩护，这种信服要么来源于对自己老师的信赖，要么是基于物理或者实际的原因。

乌尔苏斯对天文学的历史避而不谈，在开普勒看来则出于对源文本的无知，是一种不切实际、颠三倒四的做法。在辩护书中，开普勒展现了相当高的古典天文学和哲学素养。他指出，"日心说"并非如乌尔苏斯所言起源于"萨摩斯岛的阿利斯塔克"（Aristarch von Samos），而是可以轻易回溯到更早的毕达哥拉斯学派。

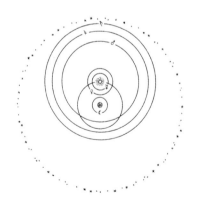

第谷·布拉赫所构想的"地日心"行星系统

开普勒抽丝剥茧般逐一分析乌尔苏斯的论点，将第谷的成就归于早期天文学家，尤其是"佩加的阿波罗尼乌斯"（Apollonius von Perga）的工作。开普勒个人认为，第谷的行星体系是尼古拉·哥白尼的修正版。这样一来，在辩护书中如何凸显第谷相对于包括哥白尼在内的前辈们的独创性成就便成为最棘手的工作了。这样看来，这项工作中断在与开普勒本人信念相悖的地方，便是合情合理的了。

中断这项工作有许多理由：开普勒一开始就不喜欢这项工作，对于工作成果，他也并不满意。他在1602年12月2日写给大卫·法布里奇乌斯（David Fabricius）的信中透露，他对目前的工作形式不满意，所以希望先阅读更多有关历史上天文假说的其他著作，再考虑发表针对乌尔苏斯的辩护书。[126] 开普勒认识到了自己科学知识上的不足。在此后的一封信中，他这样辩解道：

那些头脑灵活的人不太愿意花太多时间阅读其他人的作品，一方面，因为他们不想浪费任何时间，哲学便因此沿着许多方向分叉开来。另一方面，那些阅读广泛的人，往往无意创新、不求甚解，这或是由于阅读挤占了他们过多的时间，或是由于他们天资不佳。[127]

　　开普勒的财务困境是另一个导致辩护书写作中断的原因，他不得不寻找其他的经济来源。1601年年初，开普勒的岳父在格拉茨去世。4月，开普勒前往格拉茨处理其妻子的遗产继承事务。尽管被驱逐出境，但因有权贵相助，开普勒还是获准进入格拉茨。尽管处理遗产的事务并不顺利，但某种意义上，这次行程也成为一个转折。开普勒的身体终于从疟疾中康复，他远离了布拉格的纷扰，登上了格拉茨的地标性山峰舍克尔峰，并在那里测量了地球曲率，这也成为这次旅途的高光时刻。

　　在当时，鲜少有人这样登山，展现在眼前的奇观令身为气象学家和博物学家的开普勒振奋不已：开普勒看见暴风雨逼近格拉茨上空，又倾泻而下。云层在他脚下飞驰而过，暴雨也在他脚下倾泻，不久后又像来时一样匆匆消散。[128]

　　1601年9月，开普勒回到布拉格，他的求职请求也终于有了进展。在格拉茨时，开普勒就曾致信神圣罗马皇帝鲁道夫二世，请求其授予他官职和薪俸。[129]现在，皇帝正式委托第谷和开普勒制作新的行星表，第谷则建议将这份星表命名为"鲁道夫星表"。历经近一年的等待，如今开普勒在布拉格至少有了一份名正言顺的工作。

对于辩护书，开普勒也就此搁笔。第谷交给开普勒一些有关火星的计算工作，这些工作比开普勒预想的更加困难，这也使他甚至无暇顾及《世界的和谐》一书的写作。在此期间，第谷已将仪器安置在帝国行宫贝尔维第宫（美景宫）附近，并且重新启动天文观测，不过工作强度没有在乌拉尼堡时那么大。第谷和开普勒都住在布拉格的洛雷托广场的一栋房子里，这栋房子是鲁道夫二世专门为他的天文学家们购置的。除了经济上的小困难，一切似乎都走上正轨，但此时发生了一场意外：在一次宴会上，刚满54岁的第谷突发肾绞痛，并在几天后不幸离世。据传言，第谷当时对起身如厕有所顾虑，引发了这场悲剧。

在去世前不久，第谷曾试图让开普勒承诺按照他的体系来描述行星的运动。但作为哥白尼体系的坚定支持者，开普勒无法做出这个承诺。1601 年 10 月 24 日，第谷·布拉赫去世。11 月 4 日，人们为他举行了盛大的葬礼。开普勒为第谷写了一首挽歌，其中只是赞扬了第谷最优秀和可爱的品质，并对他的离世表示哀悼。儒略历 1601 年 12 月 10 日或格里历 20 日，开普勒给马斯特林写了一封信，信中他更加坦率地表达了自己的看法。

第谷所有的成就都是在 1597 年之前取得的，在此之后，他的情况开始恶化，他为巨大的担忧所困，行事也开始变得幼稚。草率离乡使他压抑沮丧，布拉格的宫廷又彻底摧毁了他。他不是那种无论和谁在一起都能相安无事的人，更别说和那些身居高位又自视甚高的皇家顾问相处了。第谷最重要的成就是他的观测工作，他负责这项工作的每一年都能留下数量可观的卷帙。[130]

开普勒始终坚信，以这种意外的方式直接获得第谷的观测资料是命运的安排。第谷去世后，他当机立断，在第谷的继承人介入前就将这些珍贵的资料收归己有。皇帝曾委托第谷和开普勒两人编制星表，这使得开普勒占有资料具备了合法性。此外，开普勒意识到，第谷继承人中没有任何一个可以像他一样妥善利用这些数据，最大限度地发挥它们的价值，包括第谷的女婿兼助手弗朗茨·滕纳格尔（Franz Tengnagel）。不过，在第谷的继承人看来，开普勒自然是在强占第谷的遗产。围绕着使用和出版第谷观测数据的权利，双方爆发了旷日持久的争夺战。

第谷去世两天后，鲁道夫二世的宫廷顾问兼秘书约翰内斯·巴维茨（Johannes Barwitz）向开普勒传讯，国王委托其接管第谷留下的仪器及未竟事业，并任命他为皇家数学家。开普勒则请求获得薪俸。至此，在抵达布拉格近一年后，开普勒终于获得了光荣的头衔，他实现了经济独立，在学术工作中也不再依附他人。曾经梦寐以求的事情终于实现：他可以自由翻阅第谷的观测资料了。开普勒从未隐去第谷的功劳。他始终牢记，如果没有第谷工作的铺垫，从科学上来证明哥白尼体系将异常困难。为了接近这一目标，他将第谷交给他的火星轨道计算工作继续向前推进。

与此同时，1601 年秋，开普勒写了一篇小论文《论占星术更可靠的基础》（*De Fundamentis Astrologiae Certioribus*），他将这本书特别献给所有哲学家以及波希米亚的罗森伯格家族的彼得·沃克·奥尔西尼伯爵（Grafen Peter Wok Orsini von Rosenberg），他是一位颇具影响力的亲王和科学艺术赞助者。开普勒在这篇论文中对传统占星术进行了批判性分析，他指出了一些尚待解决的问题，并试图用物理学方法来解释行星对地球和人类的影响。在文中，他还构建了几何相位学的雏形，这一概念后来在他的著作《世界的和谐》中得到进一步阐述。此外，他抛弃了不可靠的占星技法，比如根据春分点时的行星位置做年度预测，并对 1602 年做出了一些谨慎的预测。

这篇论文成为开普勒进入布拉格宫廷学术圈的敲门砖。相比于处理政事，当时的皇帝鲁道夫二世对科学和艺术抱有更加浓厚的兴趣，他广罗天下书籍并设馆珍藏，也拥有数量众多的艺术藏品和奇珍异宝。他还在宫廷中广纳了杰出的科学家和艺术家。除了喜好文艺，他还热爱知识和智慧，尤其喜欢占星术和炼金术，因为它们可以揭示微观和宏观宇宙之间的联系。在当时，以图像符号来表达思想的象征学相当兴旺，对"事物符号"（signaturae rerum）的解读也大行其道。上帝的创世计划覆盖了世界的最精微和最宏大之处，为了破解这些秘密，理解上帝所构建的"世界工场"（fabrica mundana），医生、炼金术士、历史学家、法学家、天文学家、占星学家、矿物学家、数学家、哲学家和文学家等各领域人才齐聚一堂。

开普勒的职位看似光鲜，但他的收入仍然非常不稳定。他让鲁道夫二世来决定他的工资金额，又费尽心力才争取到他应得的 500 古尔登的年薪。他在给克里斯滕·索伦森·朗戈蒙塔努斯（Christen Sørensen Longomontanus）的信中写道："相信我，1601 年年初的整整两个月，我都在城堡中等候觐见。"[131]

在同一封信中，开普勒还表示，在 1601 年 9 月到 1602 年 7 月期间，他都在尽心操劳，最终盼来了一个非常可爱的女儿。1602 年 7 月 7 日，他的女儿苏珊娜（Susanna）在布拉格出生。当时，开普勒的家庭关系可能不太和谐。拮据的经济条件使得境况时时陷于紧张。每次缺钱时，芭芭拉·开普勒都坚决拒绝动用她继承的财产，也不愿当掉嫁妆的一分一厘。她认为，只有牢牢抓住这些财产，才能使自己免于倾家荡产。

在科研工作上，从筹备日食观测以来，即自 1600 年 7 月开始，开普勒一直在深入研究光学问题。在格拉茨时，为了观测日食，他设计和建造了一种设备，这种设备是对暗箱的改良。最初，他只是打算汇报他在格拉茨得到的观测结果。他撰写了一篇文章，但由于迁居布拉格的琐事缠身，这篇文章最终未能面世。在文章中，他解释了月球大小与太阳位置之间的关系，这是前人无法解决的谜题。不久后，他又补充阐释了他最初的构想，写作了一篇详尽的文章，题为《喜帕恰斯，或论太阳和月球的大小》(*Hipparchus seu de magnitudinibus solis et lunae*)。题名如此,是因为喜帕恰斯(Hipparchus)曾写过一本有关同一主题的书,但那本书已经失传。这篇文章已经涉及了许多开普勒后来所研究的光学问题,但它同样也未能出版。

在研究火星时,开普勒再次遇到了观察者视角扭曲的问题,因此他决定暂停有关火星的工作,先解决一些未解的光学问题。开普勒希望这样能帮助他尽可能准确无误地确定火星轨道。在撰写《补遗威特罗,天文学中的光学部分》(*Ad Vitellionem paralipomena, quibus astronomiae pars optica traditur*)时,开普勒参考了当时通行的教材《透视学》。这本书由威特罗(Witelo)在1270年左右编写,并在16世纪时多次再版,书中主要解答了光的折射问题。

在引入威特罗对光学的认识后,开普勒首先提出了以下问题:光是什么,它是如何构成的,又是如何传播的?与他的大多数著作一样,开普勒在其中综述了不同领域的研究。他将哲学、几何学、光学、生理学和物理学等理论方法相结合,让读者参与到他探寻正确答案时屡屡失败的过程。

开普勒延续了新柏拉图主义的传统，他在第 1 章"关于光的本质"（De natura lucis）中将光视为上帝力量的流溢，认为光连接了物质和精神现实。他认为，光的散射是"三位一体"上帝的象征。

上帝创造了数量，以及区分曲直的最完美形状——球形。在这个创造的过程中，全知的造物主运用了他令人崇拜的"三位一体"形象。因此，球体的中心是球体的起源，球体的表面则是中心的映像，每一处都是中心的流溢，都同样原始，都相互对应。……中心、球体和它们之间的光线这三者就是全部，它们是如此紧密地统一在一起，绝不能剥离其中任何一个而不破坏整体。[132]

在该书第 1 章中，开普勒首先阐述了他的光学原则，提出了 38 个命题或观点，为进一步研究奠定了基础。以下撷取其中部分，进行简要转述：

——一个光点会向四周发出无限多的光线，延伸到无限远。

——光不是在时间中传播，而是在瞬间传播。

——光可以被任何物体的表面吸收。

——颜色是光的潜在状态。

——光受到几何规律的制约。

——光以与入射角相同的角度反射。

不难发现，这些命题中有一些具有形而上学的内涵。尤其是经历了很长的时间跨度后，以今天的眼光来看，它们看起来可能像是前科学时代之信仰和不可动摇之真理的混合体，但在当时，它们已经是基于刚刚形成的"客观"自然科学的概念了。公开前提条件并审慎地对其进行思考，这也是开普勒行文的一大特色。

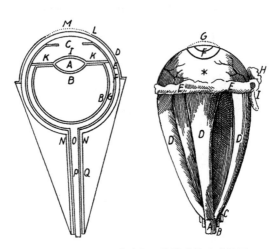

眼睛的作用原理，节选自开普勒《补遗威特罗，
天文学中的光学部分》

开普勒《补遗威特罗，天文学中的光学部分》的
章节顺序与他的研究过程基本一致：他研究了威特罗的
《透视学》、暗箱、光的反射和折射现象、圆锥曲线、眼
睛作为"光学仪器"的功能，最后是它们对天文观测的
影响。开普勒并没有找到"折射定律"，其中部分原因是
他使用了威特罗援引的托勒密的折射角度，而这一数值
是错误的。不过他还是提供了相当接近的近似值。此外，
开普勒关于人眼作用原理的研究是具有开创性的。借助出
色的几何学知识以及与不同医学家的良好合作，开普勒首
次确切地证明，眼睛接收的光线会在视网膜上产生一个
小小的颠倒图像。在此之前，所有的科学家都拒绝接受
眼内产生颠倒图像的可能性，而更愿意编造各种扭曲的
理论。借助这一全新的视觉理论，开普勒首次正确解释
了视觉缺陷的原因以及眼镜的工作原理。在这一理论指
导下，天文学也可以做到尽可能的准确。

《补遗威特罗，天文学中的光学部分》的第二部分，
即第 6 至第 11 章，则聚焦天文光学。开普勒研究了星
体的光（尽管他错误地认为行星能自行发光）、地球和
月球的阴影、行星视差（当时的条件下还无法观测到恒
星视差）以及星体运动的光学基础。最后，开普勒回到

了他最初的问题，即观测日食期间太阳和月亮的直径偏差。

开普勒最初预计只需花费几个月来写作这本书，但途中不断出现新的问题，期间还有一些中断。[133]1603年5月，开普勒给霍恩堡的赫瓦特写信：

> 我开始困难重重的光学工作……我的天啊，这件事多么难以捉摸！[134]

1603年秋天，开普勒终于大体完成了手稿。他急于发表这本《补遗威特罗，天文学中的光学部分》，他希望这本书能在1604年的书展上发布，因为1605年秋季将会发生一次日食，他希望这本书能够说服尽可能多的学者基于他的发现进行观测。开普勒把这本他在布拉格完成的首部大作献给了皇帝鲁道夫二世。在献词中，他写道：

> 由于天文学研究既需要使用仪器，又需要使用感官，而几何光学也具备准确性，所以我认为，如果天文学凌驾在光学之上，即光学无法通过确凿证据来证明天文学领域肉眼可见的现象，那将有伤光学的体面。……

所以，如果我能够用合理的方法和清晰的表达来解决那些复杂的问题，提升光学的准确性，使之符合天文学家的需求，那将是一项了不起的成就。[135]

献词使开普勒获得了 100 塔勒的回赠，这笔款项恰恰是他所急需的。他也盼望这本书能收获来自学界同行的热烈回应，但事实远没有达到预期。大多数科学家都对他的工作持保守态度，包括重新取得联系的马斯特林以及帕皮乌斯等人。尽管也有一些表扬和认可，但反响并不热烈，也不是来自开普勒所期望的人。只有来自考夫博伊伦的医生约翰·格奥尔格·布伦格（Johann Georg Brengger）与他进行了积极的批评性对话。两年后，经第谷曾经的助手约翰内斯·埃里克森（Johannes Eriksen）介绍，开普勒开始与英格兰数学家和自然科学家托马斯·哈里奥特（Thomas Harriot）就光学问题进行书信往来。哈里奥特进行了关于物质密度与光线折射关系的实验，他所得出的光在水中折射的数值与威特罗给出的数值截然不同。但由于哈里奥特不愿意分享自己的测量结果，两人的通信很快就中断了。

开普勒尝试在光学、生理学和物理学等多个学科中对透视学进行统一，但开普勒最初的尝试并没有取得太多成果。若干年后，也就是1620年，弗朗西斯·培根出版了《新工具论》一书，在哲学层面上提出"偶像学说"（Idola），试图解决同样的问题，除此以外，培根对哥白尼的理论嗤之以鼻。不过对于开普勒自己而言,《补遗威特罗，天文学中的光学部分》是他"与火星斗争"的重要前期工作。1609年，开普勒出版了《新天文学：基于天体物理学的原因——以第谷·布拉赫的观测对火星运动的评论为依据》（ *Astronomia Nova：ΑΙΤΙΟΛΟΓΗΤΟΣ seu physica coelestis, tradita commentariis de motibus stellae Martis ex observationibus G.V. Tychonis Brahe* ）[1] 一书，与《补遗威特罗，天文学中的光学部分》的工作相比，这项研究火星运动的工作更为艰难，充满了各种曲折和偏差。

在详细介绍这一工作之前，还有一本小书值得一提，它是开普勒在当时的特殊情况下撰写的。1604年年底，他在布拉格出版了《关于1604年10月出现的一颗异常新星的详细报告》（ *Sein Gründlicher Bericht*

---

① 本书较为通俗的简称为《新天文学》，后文一律使用该简称。

von einem ungewöhnlichen newen Stern/Welcher im Oktober diß 1604, Jahres erstmahlen erschienen），这是开普勒少数几篇用德语撰写的作品之一。后来，开普勒又将之扩充为符合科学标准的拉丁文版本，并于1606年发表，题为《蛇夫座脚下的新星，及其上升位的新势，火三宫》（*De Stella Nova in Pede Serpentarii et qui sub ejus exortum de novo iniit, Trigono igneo*）[①]。开普勒以此对蛇夫座星座脚下出现的新星（现在被认为是超新星）[136]做出了回应。这颗新星引人注目，不仅因为它异常的亮度，还因为它的星座与火星、木星和土星相位组合落在所谓的"火三宫"（白羊座、狮子座、射手座组成的宫组）。这引发了占星学上的各种猜测，而开普勒写作《蛇夫座脚下的新星》的一个重要动机就是用理性反驳这些猜测。开普勒深知，鲁道夫二世和许多同代人有多么轻信占星术。关于这颗新星，开普勒这样写道：

很难说这颗新星对我们来说到底意味着什么，唯一可以确定的是，它要么对我们人类毫无意义，要么代表

---

① 本书的简称有《蛇夫座脚下的新星》和《新星》，后文一律简称《蛇夫座脚下的新星》。

着极其重要的事情，超越了所有人的理解和智慧。它高高悬挂在所有行星之上……因此，我们不能从占星学的常规意义以及土星、木星和火星此次合相中得出任何有关这颗新星的燃烧原因及物质构成的信息。[137]

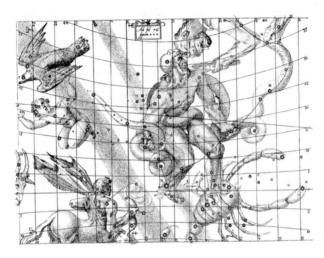

图源自开普勒著《蛇夫座脚下的新星》，1606 年

开普勒建议任何试图解释这一现象的人首先要阅读第谷所写《复兴天文学之序曲》中关于 1572 年出现新星的有关章节。否则，就有可能产生过于疯狂的猜测，比如认为木星和火星的组合"点燃"了这颗新星。但有一点是可以确定的，这颗新星点燃了人们的热情，震动了学术圈。对印刷商来说，这也意味着相当的收益。

显然，这种情况很容易出现：那些盲目轻信的普罗大众，不论他是一个自诩伟大先知的疯子，还是一位实力雄厚、有头有脸、前景大好的人物，都可能因为这颗新星的出现而深受鼓舞，开始谋划新的事业，仿佛上帝在黑暗中为他们点燃了这颗星，照亮他们的前路。或者，如果他们之前曾暗中谋逆，现在可能会认为这颗新星象征着不祥，害怕自己的计划会使自己陷于不幸。……不过，时间将告诉我们其中真正的含义……[138]

开普勒并没有全盘否定占星术，他依旧深信微观世界和宏观宇宙之间存在对应关系。但开普勒也意识到，预测有时会成为自我实现的预言，从而影响人类的行为。因此，他主张以批判和审慎的态度对待占星解释。其 1610 年的著作《第三方介入者》（*Tertius Interveniens*）对此有所阐述。

他重新开始的火星轨道研究进展缓慢。开普勒想要准确描述火星轨道，但其中障碍重重。此外，他不仅仅试图描绘火星轨道，而且首次尝试对行星运动进行物理解释，这更给工作增添了难度。因为直到那时，物理学还被视为地球领域的科学，与天文学无关。当时，人们研究天文学一方面使用几何手段，另一方面遵照形而上学原则——比如假设天体在圆形轨道上运动，因为只有在圆形轨道上才能做到完全封闭的运动。其实，观测数据早就表明，行星运动轨迹不可能是完美的圆形。但当时的天文学家们借助各种辅助构造的手段来回避这个问题，比如假设行星不是围绕地球或太阳旋转，而是围绕一个略微偏移的中心旋转。

至此，开普勒提出了两个问题：一是地球的轨道是否可能也是偏心圆，其运动是否也像其他行星一样呈非匀速运动？二是根据目前所知的情况，太阳是使行星运动的力量所在，那太阳为什么不可能位于行星系统的中心？1600 年，威廉·吉尔伯特在伦敦出版《论磁》一书，指出磁是当时已知的第一种远程作用力。得益于其研究，开普勒清楚地认识到，行星的运动速度必然与它们与太阳的距离有关。开普勒设想，太阳在其赤道平面上发射一种像光一样的有磁性的力量，这种力量随着距离的平方而减小，并吸引行星沿着轨道绕行。

与此同时，他也知道这些想法只是一种模糊的初步构想。1605 年 3 月 5 日，他写信给马斯特林说：

> 太阳周围有一个环状磁场，太阳在其位置上自转，使其四周的磁场也随之呈圆周运动。这个力的作用并非吸引行星，而是推动它们继续运行。然而，行星体本身在任何位置时都趋向于保持静止。所以，需要一种推力，使行星能够被太阳移动。而事实是：离太阳较远的行星移动得更慢，而离太阳较近的行星移动得更快……[139]

开普勒将这种磁力定位在太阳的赤道线上。开普勒对引力现象也有深刻的认识，能够通过月亮的位置解释潮汐现象，但他也非常清楚地知道，引力的问题尚未得到全面的解答。[140]

开普勒试图构筑行星运动的普遍理论，并向前迈出了第一大步：他证明了太阳本身就是行星运动的中心（实际太阳位置），而非哥白尼和布拉赫所设想的所谓"均值太阳位置"作为中心，吉奥拉·洪（Giora Hon）将其称为"开普勒零号定律"[141]，开普勒由此建立起了行星与太阳的动态作用关系。[142] 于是，开普勒将物理学扩展到了太空，太空因此被赋予了世俗属性，而地球也间接成为天体。

开普勒所写《新天文学》一书的内容不同寻常，这本书的表达方式也独具特色。开普勒让读者参与他进行思考或误入歧途的过程，就像记日记一样，书中记录着他的认识不断变化的过程。他在引言中写道："我的观点非常新颖，所以我想要证明，我的想法都有迹可循，并非只是为了标新立异。我想要赢得读者的认可，让他们消除对我的怀疑。"他的方法是呈现他形成思路、发现原理的全过程。

这不仅可以使读者以最简单的方式了解我要呈现的内容，更重要的是可以阐明，作为理论的首创者，我是如何一步步得到答案的，包括其中的原因、诀窍以及机缘巧合。当哥伦布讲述他如何踏上美洲新大陆，当麦哲伦讲述他如何穿越中国海域，当葡萄牙探险家们讲述他们如何找到环绕非洲的航路，当他们讲到他们如何陷于迷途时，我们不仅对此报以宽容，甚至不愿错过这些叙述、错过这阅读中诸多的乐趣。因此，如果我出于对读者同样的感情，在我的作品中也这样做，人们也不会认为是我的过错。我们在阅读时自然不能亲身体会探险旅途的艰难困苦，但却能感受到我思想道路上的坎坷和荆棘。[143]

开普勒将自己与哥伦布进行比较，我们可以清晰推知，他对自己所做探索的深远意义有着清醒的认识。当时，建立一种"天体物理学"理论迫在眉睫，因为人们已经知晓，行星并不是固定在一个水晶天球上旋转的。1577 年，幼年开普勒曾在莱昂贝格看到一颗彗星，第谷对这颗彗星进行了研究，证明其轨道穿越了假想中的水晶天球。

开普勒的研究则始于区分火星轨道的所谓"第一不均匀性"和"第二不均匀性"。开普勒成功证明了第一不均匀性是由行星的离心不均匀运动引起的，第二不均匀性则与地球的运动有关，但两者似乎相互叠加。这意味着要确定行星轨道，必须先准确定位地球轨道。开普勒首先计算了火星轨道相对于地球轨道的倾角，得出 $1° 50'$ 的倾斜角，这样便不必使用哥白尼的"火星轨道振荡辅助构造"。

接下来，开普勒根据实际的太阳位置而不是所谓均值太阳的位置，利用第谷的观测数据来验证托勒密、哥白尼和第谷的体系。他希望通过这种方式，借助精确的研究和公正的表象，让心存偏见的读者也接受日心说的理论。开普勒假想了从火星上观察地球的视角，并以此计算了地球轨道。他选择了第谷观测的三次火星位置，并自行观测了一次加以验证，这三次观测每前后两次相隔一个火星年，即 687 天。开普勒通过这种天才般的视角转换固定了火星的位置，然后便可以根据地球的不同位置来计算地球轨道。他证明了地球轨道呈椭圆形，以及地球的运动速度不均匀：在距离太阳最近的位置（近日点）运动最快，在距离太阳最远的位置（远日点）运动最慢。[144]

尽管探索的过程远非一帆风顺，开普勒还是一步步接近了答案：火星轨道必然是椭圆的。开普勒首先假设火星轨道是圆形的，但基于这一假设所得出的计算结果不能令人信服，这迫使他最终得出结论。开普勒放弃了行星轨道呈圆形的观点，仅仅这点就已是一次巨大突破，因为自古以来，圆形一直被认为是天体运动的完美表征。

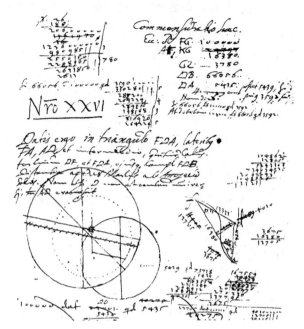

上图摘自开普勒火星工作手册第一页，于 1600 年年初记录。
草图分别展示了由"实际太阳位置"和"均值太阳位置"
（位于标示地球轨道的虚线圆圆心）得出的火星的近日点 – 远日点轴

1604 年 2 月 7 日，开普勒向大卫·法布里奇乌斯写信说：

我继续计算火星与太阳的距离。多次计算轨道上这样的距离后，就能轻易得出结论，……离心率有多大，轨道是否呈椭圆状。然后需要找到一种假设，使之能够符合所有这些距离。如您所言，这个假设也必须满足这个条件：必须能够从中推导出轨道的离心位置。[145]

1604 年一整年，开普勒都在努力验证他的卵形假设，即椭圆假设。他最初的假想是，行星的速度与其距太阳的距离成反比，也就是说，行星与太阳的距离越近，其运行速度越快，反之越慢。但开普勒从中得出结论，行星需要花费更长的时间来完成一个弧形运动，当行星远离太阳时，所需时间会更长。为了算出火星的轨道，开普勒将轨道的一半分为 180 段，每段 1°，他计算了各个点与太阳的距离，然后将它们相加，并将其与相应的运动所需时间之和相比较。这一过程可以帮助他验证椭圆假设。身处电子计算机时代，我们很难想象开普勒为计算由 180 个每个 1° 的小段组成的火星轨道所付出的巨大努力。（值得一提的是，那个时代甚至还没有数学的"积分"概念。）通过这种计算火星轨道的方式，开普勒后来提出了一条定律：半径矢量在相等时间内扫过相等的面积（掠面速度大小恒定）。这条定律被后人称为"开普勒第二定律"，但它其实是先于"开普勒第一定律"提出的。

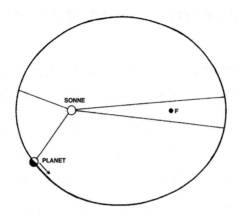

"开普勒第二定律"示意图（SONNE：太阳；PLANET：行星），
F 表示远日点

开普勒告诉法布里奇乌斯，因为计算与观测值不一致，他不得不修正这些计算，加起来超过了四十次。尝试也好，错误也罢，开普勒最终写道，

看起来，火星轨道就是一个完美的椭圆。不过，关于这一点我还没有进行过什么研究。……12 月 3 日的星期五早间，当我忙于计算椭圆的面积时，一位不请自来的访客从一个秘密的小门闯进我家，打断了我的工作。当时是波希米亚时间 11 点 45 分，客人名叫弗里德里希·开普勒（Friedrich Kepler）。睡前，在助手的帮助下，我记录下了火星的数据表格。……我也尝试了物理学上的假设。这可

是一项浩大的工程啊，我还远没有尝尽其中艰辛！[146]

此前一周，开普勒在给赫瓦特的一封信中抱怨："女人引起的家庭琐事最让我烦扰不堪。邀请十五六个妇女来拜访我产后的妻子，还要招待她们，陪同她们外出等，这些事情会带来多少麻烦！"[147]

这个冬天，开普勒情绪低落。在计算火星轨道的工作中，他常常碰壁，这使他感到压力。和以往一样，他也担心着自己的生命和健康。12月12日，他写信给蒂宾根大学委员会：

目前我正忙于研究火星运动。我目前的工作是整理过去5年我对火星进行不懈研究的全部成果，这些研究都是基于第谷的观测。此外我还发现，还有更多东西需要进一步研究。无论我是否能够借此达成我的目标，我已经取得的发现已是如此硕果累累、意义深远，甚至会赋予整个天文学全新的面貌。如果在我离世之前，我无法完成这项彰显上帝智慧和造物神奇的工作，无法得出确切的结论，那将会使我非常痛苦。但目前我还没有机会将这些研究公开发表。实际上，我已经和弗朗茨·滕纳格尔先生达成了协议，他是皇家荣誉上诉法官，也是已故的第谷·布拉赫的女婿。根据协议，他会继续向我提供第谷·布拉赫的观测数据……，而我则负有义务，非经其允许，不公开发表任何成果，直至他完成《鲁道夫星表》。但他迟迟不愿意开始这项工作。因此，目前来看，我很可能会像之前多次一样，与他发生争执。因为他想要维护他岳父的声誉，而我则仅仅坚持哲学上的自由。情况就是如此，我对自己的发现感到担忧，因此我将采取一定预防措施，把评注的副本存放在家乡的学府，万一我去世，他们可以负责出版。[148]

开普勒最终并没有将手稿存放在蒂宾根，因为他证明"椭圆定律"（即"开普勒第一定律"）时已经获得了足够多的支持，便不再需要这个预防措施。不过这封信提到了另一个问题：他与第谷继承人们，尤其是滕纳格尔的纠纷。由于滕纳格尔在皇室身兼数职，他没能在约定的时间内提供第谷的观测数据，自然无法推动《鲁道夫星表》的发表。开普勒预见到了这一点。他也因此得以自由发表这本他基于第谷的观测数据所写的《新天文学》。但滕纳格尔提出了一个条件，他要为书本作序，供读者阅读。

不过，即使开普勒不坚持椭圆假说，只是表示轨道看起来呈椭圆形，他本人仍然不能完全相信这个答案的正确性。如果答案如此简单，那为什么在他之前没有其他人提出这个理论呢？在1605年复活节之前，他最终确认，行星轨道确实是椭圆形。在最终确认之前，他还尝试了另一种可能，即所谓的"圆满的轨道"（via buccosa）。他给法布里奇乌斯写信道：

> 现在……我得出了结论，亲爱的法布里奇乌斯，行星轨道是一个完美的椭圆，也就是阿尔布雷希特·丢勒（Albrecht Dürer）常说的卵形，或与椭圆只有微不可辨的差异。[149]

如果我们将"行星轨道是一个完美的椭圆"这句话加以补充，加上一句"太阳则处在椭圆的一个焦点上"，那么这就是开普勒第一定律。

经过整个1605年，开普勒最终于1606年年初完成了《新天文学》最后也是最重要的章节。在致敬皇帝鲁道夫二世的献词中，他提及了火星：

> 奉陛下之命，我终于得以让这位高贵的囚犯公之于

世……他是一位如此强大的征服者，他战胜了人类的觉察力，嘲笑人类在天文学上的一切雕虫小技，他粉碎了人类的工具，使他们溃不成军。在过去的几百年里，他一直坚定保守着自己统治的奥秘，并在全然自由而不受限制的状态下运转……[150]

开普勒在这里回顾了第谷·布拉赫的成就。他很明白，如果没有第谷精确的测量数据，他可能永远也无法得出他的火星理论。只有依靠第谷留下的这样精确的观测数据，他才能识别并纠正自己提出假设中的错误。然而，要完成这项艰巨的工作，开普勒身上这些品质也不可或缺：坚忍不拔的意志、批判性思维、开放的心态以及好奇心。

《新天文学》的印刷自然也遇到了问题。一方面是第谷继承人提出了反对意见，另一方面经济上的困难迫使他用已经拿到的印刷补贴来养活自己。他没有得到薪水，因此不得不一再申请资助来印刷《新天文学》。印刷工作从 1607 年一直持续到 1609 年，期间曾因缺钱而中断。1608 年，鲁道夫二世批准了最后一次补贴，条件是拥有书本的全部版权。开普勒别无选择，他想要得到薪水，就只能将书卖给印刷商沃格林（Vögelin）。

《新天文学》的反响相当平淡。开普勒的行星理论对于那些受到传统束缚的天文学家来说太过新奇了。许多知名科学家对开普勒的工作避而不谈。开普勒曾渴望就此展开科学对话，现在来看，现实离实现这个愿望相去甚远。

除了编写这本书之外，开普勒当时还要处理许多其他事务。他要处理妻子继承的遗产相关事宜，这些问题一直让人劳心劳力；他在布拉格搬了几次家；他要为宫廷和王公贵族撰写专家鉴定书；起初他还要编写一些日历。

为了消除第谷继承人的怀疑，鲁道夫二世下令，开普勒应向鲁道夫二世的神父约翰内斯·皮斯托瑞斯（Johannes Pistorius）汇报他的天文学研究情况。这项要求促成了开普勒与神父之间的友好关系，并一直持续到1607年皮斯托瑞斯离世。

第谷的继承人禁止开普勒使用第谷留下的仪器，开普勒便只能眼睁睁地看着这些珍贵的仪器朽烂破败。困难之际，开普勒在格拉茨时的赞助者、格林比厄尔和斯特雷肖的约翰·弗里德里希·霍夫曼男爵给开普勒捐赠了一个四分仪和一个六分仪，它们的质量比不上第谷的仪器，但也能完成观测。几年后，为了感谢男爵的这份礼物，开普勒将他的作品《天鹅座第三等星》（*De Stella*

Tertii Honoris in Cygno）献给了霍夫曼男爵。这本著作与
《关于我们的救主耶稣基督的真正诞生年》（*De Iesu Christi*
Servatoris Nostri Vero Anno Natalitio）一同附于《蛇夫座脚
下的新星》一书，于 1606 年在布拉格和法兰克福出版。
《蛇夫座脚下的新星》是有关 1604 年出现的新星的详细
拉丁文版本报告。

开普勒《天鹅座第三等星》插图，1606 年出版

1605 年夏天，《新天文学》基本构思完成，此后开
普勒又投身到其他项目中。在筹备《蛇夫座脚下的新
星》这本书的过程中，为了满足受众群中高知读者的需
求，他阅读了奥古斯丁（Augustinus）的《上帝之城》，
还阅读了劳伦斯·苏斯利加（Laurentius Suslyga）于

1605 年在格拉茨出版的著作《有关我们的主耶稣基督的生卒年及其俗世生活的整体观点》。开普勒也是在格拉茨读到苏斯利加的这部著作的。1605 年夏天，他前往格拉茨处理遗产和监护事务。在书中，苏斯利加试图证明基督纪年的起始至少晚了 4 年。

前文已经提及，开普勒再次开始研究 1604 年出现的新星。后来他才得知，马斯特林在 1604 年就已经提出过这一历法命题。但当时，面对苏斯利加的这一观点，他提出疑问，木星和土星的合相在所谓的"火三宫"（射手座、白羊座、狮子座）之内（这一现象每 800 年发生一次，每次发生后隔 20 年落到另一宫出现）、1604 年新星以及伯利恒之星三者之间是否存在关联呢？当时公认，耶稣基督诞生年之前的 5 ~ 6 年，木星和土星的合相恰好再次进入火三宫。这个问题深深触动了开普勒，以致还在格拉茨逗留期间，他就写下了《关于我们的救主耶稣基督的真正诞生年》这本著作。早前，他曾在格拉茨任教，为霍恩堡的赫瓦特答疑，那时开普勒就已多次钻研年代学问题。因此，他能够迅速验证和改进苏斯利加的观点。其中一个证据是希律王的去世年份。开普勒以希律王去世前的一次月食为参考，将其确定在儒略历公元 42 年。该历法显示耶稣在公元 45 年出生。但希律王去世前曾因听闻耶稣诞生，下令杀害伯利恒所有两岁以下的男婴。所以结论是，耶稣必定是在儒略历公元 39 年或 40 年出生的。开普勒于是推测，儒略历公元 39 年发生的木星和土星在火三宫内的合相，可能伴随着新星，一同指引了东方三博士前往伯利恒。开普勒将这篇关于年代学的文章献给了他的朋友、宫廷顾问约翰内斯·巴维茨。后来，开普勒也多次就基督的诞生日问题发表见解。

木星和土星在"火三宫"之内的合相

在《蛇夫座脚下的新星》一书中，开普勒首先详细讨论了传统占星学，随后他提出问题：新星释放光亮的巨量物质来源于何处？开普勒已经证明了这颗新星为恒星，那它是否晚于创世而产生呢？抑或是，它在创世之初就产生了，但直到 1604 年才被"点亮"？开普勒认同第一种观点，这与神学正统观点相悖。正统观念认为，世界的开端始于圣经的创世七天。而开普勒认为新星的物质来源于细小物质的云团，这些物质汇聚形成了这颗恒星，但其作用过程尚不能用物理学阐明。与此同时，开普勒也与布鲁诺的支持者划清界限。布鲁诺学说认为，新星来自靠近地球的无尽宇宙的深处，它短暂闪耀，旋即消失在太空的深处。在无边无际的广袤空间中，无数恒星像太阳一样闪烁着光芒。对于开普勒来说，这样无限空间的概念是可怕而残酷的，它无限巨大、没有中心，破坏了所有的度量、比例与和谐，而这些恰恰是开普勒宇宙观的核心思想。

在《蛇夫座脚下的新星》的第二部分，开普勒终于开始尝试用占星术来对新星进行解释，但并非出自情愿。他相当谨慎和保留，只给出了非常粗浅的解释。开普勒认为，巨大的变革并不值得人们期待。从古登堡印刷机的发明到哥伦布到达美洲，最近的几百年已经发生了太多变革。相反，重要的是去理解上帝的象征性语言，它化成各种各样的形式展露给知识渊博的人们。根据占星学说，彗星和新星作为"超自然"（praeter naturam）现象，提供了有关世俗权力的信息。彗星涉及君主，新星涉及国家。所以这颗新星意味着一个新生的帝国。1604年的新星在木星和土星合相之后出现，因此可以得出结论：动荡之后将迎来和平。当时，人们希望缓和派系纷争，实现渴望已久的和平，这可能是促使开普勒做出这一预言的决定性因素。

不幸的是，开普勒的预言并不符合事实。

1607年，一颗彗星出现，如今我们以其公转周期发现者埃德蒙·哈雷（Edmond Halley）之名将其命名为"哈雷彗星"。时间回到开普勒的时代，那时这颗彗星还没有名字，开普勒写了一篇有关这颗彗星的短文，题为《关于1607年9月和10月份出现的新彗星及其含义的详细报告》（*Außführlicher Bericht von dem newlich im Monat Septembri und Octobri diß 1607. Jahrs erschienenen Haarstern oder Cometen und seinen Bedeutungen*），于1608年在哈雷地区出版。但这颗彗星的影响充其量只有以下这些：

1608 年，鲁道夫二世不得不将奥地利、匈牙利和摩拉维亚王位让位给弟弟马蒂亚斯（Matthias）。1611 年，又将波希米亚王位让于他。但在此之前，仍然存在着许多影响和平的潜在因素。1607 年，帝国自由城市多瑙沃尔特的天主教游行遭到干扰，巴伐利亚的马克西米利安一世（Maximilian I）随即占领该城，直接导致 1608 年雷根斯堡帝国议会解散，新教方面形成一个"防御同盟"。该同盟包括普法尔茨选侯国、符腾堡和巴登－杜拉赫以及安斯巴赫－拜罗伊特。紧接着，在 1609 年，天主教一方也形成了由巴伐利亚领导的"天主教联盟"，目的是维护领地和平，捍卫天主教权威。除了奥地利和萨尔茨堡，绝大多数天主教大国都加入了这个联盟。但显然，这些防御同盟并没有促进和解，反而加剧了对抗。后来，情势继续恶化。新教与天主教这两方都与外国势力签署协议，这事实上成为他们施加影响力的工具。

对于开普勒来说，1607 年也发生了许多重大事件：4月和 5 月的夜间，他观察水星。他预期 5 月底会有太阳和水星的合相。5 月 28 日夜晚，一场猛烈的暴风雨来袭。因为开普勒有记录天气的习惯，并试图找出行星组合和天气状况之间可能的关联，所以他猜测，太阳与水星合相可能提前，于是他决定第二天去观察太阳。在暗箱中看到的情景使他激动不已：太阳的影像上出现了一个小黑点。开普勒让不知情的证人证实了他的观察，并很快认定，他刚刚观察到的就是水星穿过太阳。同年冬天，在朋友的催促下，开普勒撰写了一份关于他的观察的报告，1608 年 2 月 26 日，他将其献给符腾堡的约翰·弗里德里希公爵。这份报告于 1609 年出版，题为《水星凌日之异象》（*Phaenomenon singulare seu Mercurius in sole*）。但在 1611 年，开普勒获知了一种更优的理论：大卫·法布里奇乌斯之子，约翰内斯·法布里奇乌斯（Johannes Fabricius）揭示了太阳黑子的存在，让大众惊异不已。开普勒对此做了简单记录："在天文学界，对各种推测的信心摇摆不定，就像战争的幸运不会永远眷顾一方。"但他也强调："我很幸运，成为在本世纪第一个观察到这些黑子的人。"[151]

新年前不久，开普勒再次成为父亲。1607 年 12 月 21 日，他的儿子路德维希·开普勒（Ludwig Kepler）出生。次年，他的继女雷吉娜·洛伦茨（Regina Lorenz）与菲利普·埃姆（Philipp Ehem）结婚，后者是普法尔茨的选帝侯① 腓特烈四世（Friedrich IV）在帝国宫廷的

① "选帝侯"是该时期选举神圣罗马帝国统治者的选举团成员。

代表。开普勒对拥有政治职务的人持保留态度，"宫廷蛊惑人心，从政者热衷争夺权位。"[152] 而对他在布拉格的处境以及他与宫廷的关系，他这样描述："在布拉格的生活是孤独的，在某种程度上，没有人可以帮助我。"[153] 开普勒并不是一个不合群的人，但他从内心与宫廷生活保持了一定距离。这一点在他写给马斯特林的一封信中也有所体现：

我没有高贵的荣誉和显赫的地位，我只是世界舞台上的一个普通人。如果能够从宫廷争取到一部分收入，我会感到高兴，因为至少不必完全依靠自己维持生计。不过，我觉得自己不是在为皇帝服务，而是在为全人类及后世服务。我怀着这样的信念，内心充溢着隐秘的自豪感，我藐视一切荣誉和地位，若有必要，甚至藐视那些当权者。[154]

同时，开普勒又开始投身他"真正"的事业，即研究和谐比例。1605 年 10 月，他就已经在写给克里斯托夫·海顿纳斯（Christoph Heydonus）的一封信中表达了这个愿望："愿上帝让我从天文学中解脱，这样我就可以专心写作《世界的和谐》。"[155] 1607 年 4 月，开普勒给霍恩堡的赫瓦特写信说：

在有关和谐的研究中，我最好的老师是经验。在产生共鸣的空腔上拉紧一根金属弦，然后在弦下方放上一个琴马或所谓的弦枕木……用手在弦上左右移动，反复敲击由枕木分隔的弦的两个部分，然后移除枕木，使整根弦发出声音。剩下的就靠听觉来判断了。如果通过听觉判断出，这两个部分与整根弦发出和谐的声音，那么就在分隔处的平面上画一条线，然后测量琴弦两个部分的长度。这样就能知道比例是多少。还有些时候，两个部分彼此之间都能产生和谐的声音，但两者都不会与整根弦一起产生和谐声音；又或者，其中一个部分会与整根弦发出和谐的声音，而另一个部分与它以及整根弦产生不和谐的声音。我们将整个琴弦的两端连接起来，形成一个圆。如果保持琴弦上的分隔记号不变，便可以判断我的论断是否正确，即所有这类能发出和谐音的弧段长度都是规矩数，但那些产生不和谐声音的弧段都不是规矩数。[156]

这些研究最终被收录在开普勒的《世界的和谐五部》①（Harmonices Mundi Libri V）中，早在格拉茨时

---

①《世界的和谐五部》是《世界的和谐》一书的别名，因为本书一共有五个部分。

期，开普勒就开始构思这本书，但此书直到 1619 年才出版。开普勒沿袭毕达哥拉斯学派的传统，认为音乐和声与行星位置之间存在密切联系。他在写给霍恩堡的赫瓦特的信中写道："八种和谐关系包括和声、小三度、大三度、纯四度、纯五度、小六度、大七度和纯八度，因此也存在……八种行星相位：合相、六分相、五分相、四分相、三分相、补八分相、倍五分相和对分相。我发现，即便是新的行星相位，如五分相、补八分相和倍五分相，也是可行的。"[157]

开普勒在他的著作《论占星术的更可靠基础》和《蛇夫座脚下的新星》中详细探讨了占星术，他坚信只有和谐的行星相位才能对人类产生影响。开普勒对将黄道，即太阳在地球周围的虚构轨道划分为黄道十二宫和宫位这种做法不以为然。

在《蛇夫座脚下的新星》一书中，开普勒检讨了自己的占星预测方法。1609 年，开普勒在蒂宾根时期的老朋友赫利萨乌斯·罗斯林（Helisäus Röslin）在斯特拉斯堡出版《关于当今时代性质的评论》。尔后开普勒以《对医生兼哲学家赫利萨乌斯·罗斯林〈关于当今时代性质的评论〉的回应》（*Antwort auf D.*

Helisaei Röslini Medici et Philosophi Discurs von heutiger zeit beschaffenheit）答复此文。随后，巴登伯爵格奥尔格·弗里德里希（Markgrafen Georg Friedrich von Baden）的私人医生菲利普·费塞利乌斯（Philipp Feselius）发文反对罗斯林，他在 1609 年出版《对占星术的深入探讨》（*Gründtlicher Discurs von der Astrologia Judicaria*），全盘反对占星术。这又促使开普勒再次提笔。与罗斯林和费塞利乌斯的著作一样，开普勒将一本《第三方介入者》也献给了巴登伯爵格奥尔格·弗里德里希。这本书意在调和两种极端。开普勒表示，许多占星师"滥用自由，信口开河，坑蒙拐骗，妄图从不相干的天相中得出他们想要的结论"。[158] 这里的几处用词都显示出开普勒作为施瓦本（Schwaben）人的语言特色①。他反驳说：

没有人相信，从占星术的愚蠢和渎神中，会产生什么有用的智慧和神圣之物，就像在肮脏的黏液中不可能产生可供食用的蜗牛、贻贝或者鳗鱼；在大堆的毛虫中不可能有产丝绸的蚕蛾，在恶臭的粪肥中不会有饱满的

---

① 这一点体现在原文的"dichten""lügen""trügen"。——原文注

谷子，也找不到任何一颗珍珠或金子。[159]

他认为，抛开许多人对占星预测的滥用不谈，我们可以知道，"在一个人生命的初始，在瓜熟蒂落、离开母体而独立生存时，全部的天体星座以及汇聚到地球的光线会赋予他性格和天资，这些东西将伴随终身，直至死亡……"因此，

一个人可能会勇敢、机敏、愉快、忧郁，而另一个人可能会感到困倦、懒散、马虎、轻率、健忘或胆小……这些性格不是在肉体中获得的，肉体太笨拙了，性格是在灵魂的本质中获得的。灵魂的本质就像一个点，"光线汇聚的点"可以改变它。灵魂不仅具有我们通常所说的理智，使人类区别于其他生物，而且还具有内在的理性，使人类无须长时间的学习就可以迅速理解几何学、光学、音乐。[160]

开普勒强调，不太可能从一个人出生时的星图看出将来会发生什么。[161] 因为每个人的人生道路都充满了太多不确定性和无法预测的因素。最终，每个人都是自己

命运的主宰，因为：

> 人类的幸福……取决于他们自己的自由意志，这是
> 灵魂的最高能力，它永远保持自由。[162]

除了这些工作，开普勒还忙于出版《新天文学》的相关事宜。1608 年 8 月，开普勒向皇室提交了一份请求，希望能提供他一笔差旅费用，这样他就可以亲自前往海德堡监督印刷工作了。同时，他也请求在他不在时，能够给予他的家庭经济支持。然而，这个请求迟迟未能获得批准。直到 1609 年春季，开普勒才得以前往海德堡。《新天文学》也终于在 1609 年法兰克福春季书展上面市。为此，开普勒又从海德堡来到法兰克福。随后，他前往符腾堡拜访亲人与旧交，此时距他上次来到符腾堡已有 13 年之久。

由于布拉格的局势越来越糟糕，开普勒担心皇室将来会继续拖欠工资，因此他开始寻找新的职位。他不敢再奢望能在符腾堡谋得一官半职，但还是将《水星凌日之异象》献给了符腾堡的约翰·弗里德里希公爵。这本书也在春季书展上发布，只不过略有延迟。借此机会，

开普勒也提到了他在布拉格的困境，并请求公爵允许他另谋差事。开普勒收到了一只昂贵的酒杯作为献词的回馈，同时也收到答复，无论在何处谋生，都应随时准备好接受符腾堡公国的召唤。公爵话语中蕴含的一线希望又促使开普勒写了一封信。信中他保持了一贯的坦诚，指出了他与官方教义，特别是与《协和信条》相左的观点。他这样做是为了避免潜在的纷争。显然，他会因这种坦率而失去机会。所以很多人也一直疑惑，开普勒是否真的想在符腾堡工作。但这正是开普勒的特质，他宁愿冒着遭受拒绝的风险，也不愿虚伪矫饰。更奇怪的是，开普勒同时还支持与加尔文派和解，而与天主教相比，加尔文派更加激烈地反对符腾堡的新教教派。这完全违逆了最高教会当局斯图加特教会监理会，当局还清楚地记得他青少年时期犯下的"罪行"。即使他承诺不会公开表达他的宗教意见，也已无济于事。

7月初，开普勒从符腾堡返回布拉格，他得知鲁道夫二世于1609年7月9日签署特赦令，赋予所有波希米亚新教徒宗教信仰自由以及建立自己学校和教堂的权利。这项措施与其对天主教会的忠诚态度背道而驰。鲁道夫二世此举是为防止重蹈覆辙，失去对波希米亚的统治权，此前他将奥地利、匈牙利和摩拉维亚的统治权让予弟弟马蒂亚斯。哈布斯堡家族试图推翻鲁道夫二世的统治，马蒂亚斯则是其中先锋。对帝国境内不断升级的紧张局势，例如于利希继承战争，鲁道夫二世无能为力，这进一步助长了马蒂亚斯的势力。此外，鲁道夫二世没有合法的子女。他曾经与表亲，西班牙的伊莎贝拉（Isabella）订婚，谈判长达二十年未果，但他与情妇卡塔琳娜·达·斯特拉达（Katharina da Strada）却育有多个子女。[163] 国民也因此开始担心继承权问题。

开普勒将鲁道夫二世的特赦令视为新教徒的胜利，[164] 尽管他很难否认，胜利只是借了帝国政局不断动荡的东风。现在，开普勒终于可以向皇帝呈交他的《新天文学》，他也在继续努力，为自己找到一个更稳定的职位。然而，根据我们所能了解的信息，这些努力起初并没有显著的成效。所以，为了至少能在短期内能挣到钱，他向乔瓦尼·安东尼奥·马吉尼（Giovanni Antonio Magini）提出建议，希望能与他一起发表1583年至1663年行星位置的星历表。[165] 马吉尼在帕多瓦任教授，也是一位声名卓著的意大利天文学家，此前已经出版了星历表。制作星历表在当时是一项稳定的生意，因为天文学家、航海家和占星家都需要它。但马吉尼拒绝了这个提议。[166]

处境迷茫，开普勒又陷入了痛苦，直到 1610 年，大约 3 月底或 4 月初，瓦肯费尔斯家族的瓦克（Wacker von Wackenfels）通知他，伽利略借助 "perspicillum"（望远镜）发现了四颗迄今为止未知的行星。这让开普勒异常慌乱，如果消息属实，就会挑战他《宇宙的奥秘》中的行星排列。当时，开普勒只能想象用望远镜观察的新视角。荷兰米德尔堡的扬·李普希（Jan Lipperhey）于 1608 年发明了望远镜。在得知此消息之前，开普勒自己从未有机会使用望远镜进行观测。然而，开普勒随即猜测，这四颗新发现的天体可能不是行星，而只是木星的卫星。他焦急地等待着伽利略发表其发现的作品。

最终，在 1610 年 4 月 8 日，通过托斯卡纳大使朱利亚诺·德·美第奇（Giuliano de' Medici），开普勒得到了伽利略的著作《星际信使》。伽利略在其中详细描述了他观察到的崎岖月球表面和 4 颗首次发现的环绕木星运转的卫星。伽利略观测使用的望远镜是由一个凸透镜与凹透镜连接而成的，可放大约 30 倍。此外，伽利略还声称这个装置是他根据荷兰望远镜的传闻而自行发明出来的，这一说法在当时和现在都备受质疑。开普勒也认为，伽利略只是在已知望远镜的构造原理上进行了改进。

这些观察结果有两个突出的影响：其一，表明了月球与地球是相似的天体，这使天与地之间的物理区隔变得模糊。其二，表明天体不仅可以绕地球旋转，还可以绕其他中心旋转，从而有力地支持了哥白尼的学说。由于这些发现，伽利略本人第一次公开支持哥白尼学说。

在各方的压力之下，开普勒给伽利略写了一封公开信。当时，学界对伽利略非常不满，因为他声称发明了望远镜，还因为他的发现可能会产生相当深远的影响。与之相反，开普勒不仅相信伽利略的观察，而且相当热情地支持这些结论。他认为，通过改进望远镜的构造，可以进一步提高望远镜性能，使之超越现有水平，他也对此提出了改进建议。然而，开普勒也谨慎地指出，无论是用望远镜观察月球，还是透镜筒的使用，伽利略都不是首创者。这并不是为了贬低伽利略的发现，而是以历史的视角看待这个问题。此外，开普勒还强调，新发现的天体更可能是卫星而不是行星。为了避免被指责为奉承伽利略，开普勒在《对话星际信使》（*Dissertatio cum Nuncio sidereo*）的前言中写道：

我一直有一种习惯，即对我看来他人做得好的事情予以赞扬，对他们做得不好的事情予以批评。如果我自己在知识上有所欠缺，我绝不蔑视或掩饰他人所具备的知识。如果我自己完成得更好或更早地发现了什么，我绝不会因屈居人后而自轻，也不会自我否定。我也不认为，意大利人伽利略厥功至伟，以至于我这位德意志人都必须扭曲真相和内心的信仰来迎合他。[167]

通过这篇《对话星际信使》，开普勒达成了一种巧妙的平衡，既没有得罪伽利略，也没有得罪伽利略的反对者。前文已经提到，大多数著名的天文学家不愿意承认伽利略的发现，主要是担心出丑以及害怕因背离托勒密的观点而陷入孤立。开普勒在这里则展现出了与众不同的勇气，通过光学研究，他拥有了足够的积累来评估伽利略观点的可信度。最初，他对望远镜持怀疑态度，他认为它们透光不足。尽管如此，他还是很乐意接受伽利略的学说。木星的卫星引发了他大胆的推测：如果木星有四颗卫星，那么火星不应该有两颗卫星，土星不应该有六颗或八颗卫星吗[①]？这些卫星难道不是因邻近行

───────────────

① 开普勒对火星的推测是正确的，而土星有九颗较大的卫星和若干小卫星。——原文注

星的居民而存在的吗？人类一旦发明了穿越太空的飞船，难道不是必然会抵达它们吗？[168]

　　开普勒在极短的时间内就完成了《对话星际信使》。因为送信人会在 4 月 19 日出发前往意大利，开普勒只有 11 天的时间来阅读和写作。《对话星际信使》于同年 5 月出版。马斯特林对这篇论文感到满意。1610 年 9 月 7 日，马斯特林在给开普勒的信中写道："阅读这篇优秀的文章使我非常愉快，衷心感谢你的寄送。它生动呈现了伽利略的论点。"[169]伽利略对此也非常高兴，1610 年 5 月 7 日，他写信给托斯卡纳的官员贝利萨里奥·威恩塔（Belisario Vinta）说："我收到了皇家数学家写给我的一封信，或者更准确地说，一篇 8 页的论文。这篇文章认可我在自己书中所写的全部内容，没有在任何一个细节上提出异议或怀疑。"[170]

　　马吉尼和其他意大利天文学家声称，通过伽利略的望远镜看不到任何东西。于是，开普勒在 1610 年 8 月 9 日写信给伽利略，请求他同意自己为其担任见证人，因为"我很奇怪，为什么这么多人否认这一现象，甚至连拥有望远镜的人也是如此"。[171]在这封信之后，伽利略才决定回应开普勒的《对话星际信使》。他感谢开普勒：

您心胸坦荡，充满智慧。您是第一个，也几乎是唯一一个在没有亲眼见证的情况下就对我的观点充满信任的人。[172]

但另一方面，当开普勒请求伽利略为自己提供一个观测用望远镜时，伽利略的回应却是闪烁其词。他表示，将来会制造一些新仪器并把它们寄给他的朋友们。显然，伽利略并没有把开普勒视为朋友，更没有给开普勒寄去望远镜。伽利略请求为自己担任见证人的是托斯卡纳大公，还有布拉格大使的兄弟朱利奥·德·美第奇（Giulio de' Medici）这样的权贵朋友。对于这些人的天文学知识，开普勒评价不高。在信中，伽利略还夸耀了佛罗伦萨当局许诺他的光荣职位和丰厚报酬。

1610 年 8 月 29 日，尽管过程辗转曲折，开普勒最终还是得到机会，通过伽利略制造的望远镜进行短暂的观测活动。担任神圣罗马帝国科隆王公主教兼选帝侯的巴伐利亚恩斯特公爵（Herzog Ernst von Bayern）来布拉格参加一次旨在调解鲁道夫二世和弟弟马蒂亚斯之间争端的诸侯集会。在此期间，他借给开普勒一台望远镜，只不过这台望远镜的质量可能并不是最出色的。开普勒设计了一种精巧的观测方式：他与天文学学生本杰明·乌尔西努斯（Benjamin Ursinus）以及其他观测者们分别在板子上记录他们在望远镜中观测所见，所记内容不让其他人看见。随后，在场者比较了这些观测结果。开普勒于 1611 年在美因河畔法兰克福出版的《关于木星卫星的报告》（*Narratio de Jovis Satellitibus*）中记录了以这种方式证实伽利略观测结果的过程。这份报告可能是在 1610 年 10 月印刷的，因为在 1610 年 10 月 25 日，开普勒就向伽利略寄送了一份副本。

1610 年 9 月，在《对话星际信使》完成仅 5 个月后，开普勒就完成了他"折射光学"的理论。在写给借他望远镜的选帝侯恩斯特的献词中，开普勒解释了"折射光学"的命名缘由：

欧几里得建立了光学的一个分支，即反射光学，他研究光线的反射，并以其主要工具镜子及其奇妙多变的特性为其命名。依据这一惯例，我将我的小书取名为"折射光学"，因为它主要涉及在密集透明介质中折射的光线，既包括人眼这样的自然介质，也包括各色玻璃这样的人工介质。[173]

在序言中，开普勒提及了伽利略将望远镜引入天文观测领域的贡献。在写到这一点时，开普勒毫不吝啬赞美："天啊，这充满智慧的望远镜，比任何权杖都珍贵！掌握你的人，岂不是王者，岂不是上帝作品的主人！"[174]

《折射光学》（*Dioptrice*）于 1611 年在奥格斯堡出版，其中包括了 141 个定理。开普勒阐明了透镜和透镜系统的工作原理。借此，他不仅解释了荷兰望远镜的工作原理，还提出了改进建议和结构替代方案，可以显著提高望远镜的分辨率和精度。开普勒设计的望远镜由两个凸透镜构成，长久以来一直是天文望远镜的范本。这项工作是开创性的，伽利略曾承诺解释望远镜的工作原理，而开普勒先于他履行了这一承诺。人们普遍认为，伽利略当时还无法给出这样的解释，他甚至还不知道开普勒的《补遗威特罗，天文学中的光学部分》一书中所著内容。

《折射光学》的印刷推迟了，因此开普勒直到 1611 年 7 月才写了序言。早在 1610 年 9 月，开普勒就已经将《折射光学》的手稿交给了选帝侯恩斯特，后者承诺负责印刷。在序言中，开普勒提到了伽利略在这段时间里的一些字谜游戏。1610 年 8 月，伽利略向布拉格的托斯卡纳大使朱利亚诺·德·美第奇寄去一串字母序列：

Smaismrmilmepoetaleumibunenugttauiras

并表示，这预示一个新发现。开普勒也加入了解谜的行列。他极度兴奋地尝试组合这些字母，寻找隐藏的意义。最终，他得出的谜底是"Salve umbistineum geminatum Martia proles"[①]（致以问候，双球，火星之子）。[175]

直到 1610 年 11 月 13 日，在皇帝的敦促下，伽利略才透露了这个谜题的答案。这些字母排序表明土星具有三重性："Altissimum planetam tergeminum observavi"（我看到了最高的行星有三重性）。因为，用当时最好的望远镜观测，土星环看起来像是一个小星、一个大星、一个小星这样依次排开。

不久之后，1610 年 12 月 11 日，伽利略提出了一个新的字母谜题：

Haec immatura a me jam frustra leguntur, o.y.

_____

① 拉丁文的相同字母异序词游戏中，字母"U"有时可以转换为"V"。

开普勒再次开始解谜。尽管他没有找到正确的答案，但从今天的角度来看，他的解答尝试具有极大的意义。他提到了"Macula rufa in Jove est"[176]（木星上有一个红斑）。然而，以当时的望远镜水平，他不可能知道这一点有多么准确。1611 年 1 月 9 日，开普勒向伽利略提供了多种不完善的解答，并恳请伽利略揭示字母谜题的答案。而伽利略已经在 1611 年 1 月 1 日写给朱利亚诺·德·美第奇的信中揭示了这个谜题的谜底："Cynthiae figuras aemulatur mater amorum"（金星模仿月球的不同相位）。这句话证明，金星本身不发光，且围绕太阳运转。伽利略发布观测结果的方式具有鲜明的个人特色：这种方式意在确保他对观测结果的首创权（他发现木星卫星的首创权遭到了否认），同时故弄玄虚，以吸引天文爱好者的关注。

1611 年，开普勒还有一本有趣的小书在美因河畔法兰克福出版，书名为《新年礼物或论六角形雪花》（*Strena Seu de Nive Sexangula*）。这本书可能是在 1609 和 1610 年之交的冬天完成的。开普勒将这本书献给他的朋友兼赞助者、宫廷顾问瓦肯费尔斯家族的瓦克。书中讨论了一个开普勒热衷研究的问题——创世的基本几何形状。开普勒研究的起点是雪花，即拉丁文的"nix"，也意为"无"。而后他依次探讨了蜂窝、石榴籽、五瓣花、柏拉图立体，最后是阿基米德立体。开普勒竭力思考球体、蜂窝和其他几何体的空间堆积秩序，最终又回到了雪花这个话题。

然而，刚刚开始的1611年无论是在政治方面还是对开普勒个人而言都不吉利。神圣罗马皇帝鲁道夫二世此前与其侄子利奥波德大公（Erzherzog Leopold）兼帕绍主教结盟，对抗他的弟弟马蒂亚斯。利奥波德曾在帕绍招募了一支部队，准备投入于利希继承战争。这支部队很快被调往布拉格保护鲁道夫二世。部队于1611年年初进入波希米亚，并把布拉格洗劫一空。由于部队攻击国民，波希米亚人民对鲁道夫二世的好感丧失殆尽。鲁道夫二世的盟友利奥波德是一个坚定的天主教徒，如果他取得胜利，他绝不可能承认皇帝的诏书。鲁道夫二世的苟延残喘以失败告终：波希米亚的众议院支持马蒂亚斯，鲁道夫二世被迫退位，不再担任波希米亚国王。最后，鲁道夫二世做出了让步。为了防止布拉格发生更多流血事件，他下令帕绍部队撤退。此后他就像囚徒一样被困在布拉格的城堡中。

外来的军队给布拉格带来了瘟疫。1月,开普勒的孩子们感染了天花。2月19日,父母疼爱的第二个孩子弗里德里希去世了。其他两个孩子挺了过来。此前不久,芭芭拉·开普勒也染上了"匈牙利热病",她还受到癫痫后遗症的折磨。她再也没有能从这场不幸中恢复过来,她心情低落,灰心绝望,丧失了生活的全部勇气。

开普勒很快开始与林茨议会进行聘用谈判。他希望能在林茨找到更适合他的工作和家庭环境,尤其是更适合他妻子的环境。他也是最后一次在符腾堡争取获得职位,但因遭到斯图加特教会监理会的反对而失败。1611年6月,开普勒最终前往林茨,与议会敲定合同细节。1611年6月23日,开普勒返回布拉格,却发现妻子已病入膏肓。开普勒写道:"士兵的暴行和战争的残酷景象令人麻木,绝望蚕食了对美好未来的期望,失去孩子的伤痛永远无可弥补,'匈牙利热病'终结了她生命最后的痛苦。她的仁慈害了她,因为她不拒绝病人来访。忧郁和绝望是世间最为悲伤的精神状态,她就在这样的心情里耗尽了生命。"[177] 芭芭拉·开普勒于1611年7月3日去世,7月5日下葬。"自那以后,我一直忙于照顾孩子们,我清点他们的财产,为他们分配遗产,包括我的孩子和我的继女。她去世时没有留下遗嘱，也没有给我留下任何东西。"[178]

开普勒，这位废帝的皇家数学家此时只有与孩子们相依为命。尽管他已经与林茨议会完成了聘用谈判，但根据皇帝的要求，他仍然留在布拉格。他唯一能做的就是准备发表他的编年史著作集。这本《编年纪选集》（*Eclogae Chronicae*）直到数年后的 1615 年才在美因河畔法兰克福出版。

1612 年 1 月 20 日，鲁道夫二世去世，开普勒再没有理由留在布拉格。4 月，他离开布拉格，前往摩拉维亚的昆施塔特，他将孩子们托付给一位相识的寡妇照看，然后独自从那里出发再前往林茨，并于 5 月抵达。

第5章

林茨：在动荡不安中完成旧时项目

　　早在 1611 年 6 月，开普勒已经与恩斯河上奥地利的议会达成协议。其中规定，除了皇家数学家的职责，即编制《鲁道夫星表》（*Tabulae Rudolphinae*），开普勒还需教授贵族青年学习数学、哲学和历史，绘制该地区地图，并为议会提供专业知识。完成上述职责，他将获得 400 古尔登的年薪。1612 年 3 月 18 日，马蒂亚斯皇帝核准了开普勒皇家数学家的职务，确认月薪为 25 古尔登，并批准他在林茨工作。

　　开普勒继续担任皇家数学家，再次依附于皇帝而工作。众多迹象表明，这个新设的职位可能是为开普勒量身定制的，这样他便可以继续他的项目。但现在他又身兼教师职务，众所周知，这在当时是一个不太受尊重的职业，并且会使他再次受到教会和世俗机关的监督。他期待找到一个清静的工作环境，但这个愿望只有部分实现了：他享受着省城的宁静，但也感受到了它的狭隘和偏见。仅仅过了几周，开普勒就卷入了宗教纷争。

开普勒向林茨的新教牧师丹尼尔·希茨勒（Daniel Hitzler）透露了他宗教上的疑虑。他和希茨勒都来自符腾堡，也都接受了神学教育。开普勒原以为，希茨勒已经通过与符腾堡教会的沟通得知他对《协和信条》有所疑虑，因此不想虚伪掩饰。[179] 但希茨勒是一位保守的新教徒，在他看来，开普勒作为皇家数学家越俎代庖，胆敢插手宗教问题，那么制止他才是最为紧迫的事情。开普勒对基督在圣餐礼时是否临在表示怀疑，希茨勒便以此为由，禁止开普勒参与圣餐礼。他对此解释说，这么做是因为担心开普勒的灵魂不能得到救赎。

我意识到自己被众人排挤，关于我的谣言在四处传播，这件事也已经为众人知晓。于是我决定联系斯图加特教会监理会，希望以它的权威给希茨勒施加压力，这样我便可以像在布拉格时一样参加圣餐礼，官方，特别是符腾堡当局对我的不满便也就能消除。[180]

林茨，亚伯拉罕·霍尔兹沃姆（Abraham Holzwurm）
绘制的铜版画，1629 年

开普勒向斯图加特教会监理会提出申诉，但得到的回复是，他必须绝对服从林茨教区牧师希茨勒。不论开普勒如何辩解都无济于事，即使其他教区都并没有关于签署《协和信条》的人才能参加圣餐礼的要求。教会一再告诫他，作为一名数学家，他不应该涉足他一无所知的宗教问题。这很奇怪，因为人们知道，开普勒曾接受过几乎全套神学教育。[181] 显然，他们已经达成了共识：信仰是信仰，知识是知识，只有神学家才能知晓信仰。这种逻辑使每个教条都不可动摇，如果有人不理解这种逻辑，他们就会被怀疑是凭借自己的知识傲慢自负或缺乏赤子般的信仰。

开普勒在林茨的时光便以被禁止参与圣餐礼开始。显而易见，这一事件在林茨引起了一些流言蜚语，有传言说开普勒是个异端。这种怀疑对开普勒造成了很大的困扰，也影响了一项相当重要的私人事务：开普勒一直在寻找一位相配的婚姻伴侣。在布拉格时，他就曾四处寻找，他考虑了一场婚事，但最终没有成功。此后他考虑过和照顾他孩子的寡妇结婚，但也放弃了这个计划，转而觉得这位女士的一个女儿更好。不过这个计划也没有落实。此后，他在林茨的全部计划也一一落空。简单说来，开普勒的终选名单上共有十一位女性。

有时他能明确拒绝某人，但他很难明确选定一人，因为选择意味着他不得不拒绝其他一些人。情况往往是，他最终做出了选择，但他的犹豫和拖延也已经令对方改变了心意。显然，开普勒在努力避免他在第一段婚姻中犯过的所有错误。他向其他人寻求建议，反复斟酌，直到对方忍无可忍，他才开始私下独自去寻找。我们能得知这些，自然都要归功于开普勒坦诚的自我批评。他给施特拉伦多夫家族的彼得·海因里希（Peter Heinrich von Strahlendorff）这位身在布拉格的男爵写过一封信，写信时间可能在他第二次结婚前不久，信中开普勒描述了相亲经历中的所有曲折和困惑：

> 我该说什么呢？这是上帝的安排，还是我于道德
> 有亏，导致我在过去的两年多里被如此纷繁芜杂的思绪
> 引向截然不同的歧途？我等待她们的答复，考虑过的对
> 象则更多，尽管她们之间大不相同。这是不是上帝的安
> 排？上帝安排个体及行为的意图为何？没有什么思考比
> 这更痛苦，也没有什么问题需要比这更复杂的知识：当
> 我观察宇宙时，上帝近在咫尺，那当我探寻自我时，我
> 是否也能找到上帝？但是，如果是第二个原因，如果这
> 是我的过失，那么我的过失又在哪里呢？[182]

　　问题不断涌上他的心头。当所有其他计划都破产
后，开普勒最终决定选择第五位候选人苏珊娜·罗伊廷
格（Susanna Reuttinger）。她很贫穷，但曾在斯塔亨伯
格女子学院接受过良好的教育，也没有家庭的负担。她
的父母早亡，父亲曾是林茨周边埃弗丁镇的一位木匠。
她与开普勒体型相配，勤俭持家，也会是孩子们的好母
亲。除了生孩子以外，她在历史上近乎隐身，这在当时
是婚姻幸福的标志。[183]1613 年 10 月 30 日，他们的婚

礼在埃弗丁举行。此前不久，开普勒在雷根斯堡的帝国议会上担任专家，协助解决了仍然有争议的历法问题，即选择格里历还是儒略历，但他未能推动任何有利于格里历的改进之举。

开普勒婚前在"酒园边郊"[184]的一间房间居住，婚后他终于接到了自己在第一段婚姻中的两个孩子，与新妇搬到了林茨的霍夫街，他们在那里一直居住到大约1619年。后来，他又搬到了市政大街 5 号，最后又于1625 年搬到了林茨的乡间。在霍夫街的新家还没安顿好，开普勒就意外遇到了一个科学研究的机会。11 月，作为一家之主的他购买了几桶酒。"四天后，卖酒的人带来了唯一的工具，一根测量用的铁棒。他用这根铁棒来测量所有的酒桶，他既不考虑酒桶形状，也不进行任何计算。他将铁棒的尖端斜插入满桶的灌装口，直至触及两个圆形木板底部。在当地语言中，这两个木板被称为'底部'。如果桶顶部到两侧圆形木板底部的两段长度相等，他就在铁棒上标记位置来确定桶里装了多少桶酒，并据此确定价格。"[185]

开普勒怀疑这种计算方法并不可靠，因为更矮的酒桶底部更大，这样得出的测量结果偏大，并不合理。

他决定借助几何学来深入研究这个问题。他很快完成了《测量酒桶体积之新法》（*Nova Stereometria Doliorum Vinariorum*），这本书 1615 年在林茨出版。1613 年 12 月 17 日，开普勒将它作为新年礼物献给了列支敦士登家族的马克西米利安（Maximilian von Liechtenstein）和赫尔姆哈德·约格（Helmhard Jörger）。

在这本书中，开普勒延续了阿基米德的研究，展示了圆锥曲线，包括圆、椭圆、抛物线和双曲线如何绕固定轴或旋转轴旋转，形成不同的立体。这些立体还可以通过切割进行变换。开普勒将酒桶的形状描述为旋转一个狭长弓形形成的柠檬状立体，其两端被切除掉。经过研究，他得出结论，如果酒桶按照奥地利标准建造，[186] 即酒桶的底部直径与板片的长度之比等于对角线与边的比例的平方，测量将得出准确结果。

但这本书的印刷遇到了一些困难。当时林茨没有印刷商，开普勒只能将手稿寄给奥格斯堡的马库斯·威尔瑟（Markus Welser），请他负责印刷。然而，1614 年 2 月 11 日，马库斯·威尔瑟给他写信，表示印刷商约翰·克鲁格（Johann Krüger）拒绝自费印刷这本书。[187] 开普勒借此机会对此书进行了修订和扩展。

最终，在 1615 年，开普勒成功说服埃尔福特籍印刷商约翰内斯·普朗克（Johannes Plank）从纽伦堡搬迁到林茨。《测量酒桶体积之新法》成为林茨本地印刷的第一本书，书本印刷费用由开普勒自己承担。由于这本书销量惨淡，开普勒很快撰写了一份德语修订版，题为《阿基米德古老测量艺术摘要》（*Außzug auß der uralten Messekunst Archmedis*），并于 1616 年在林茨出版。这个版本增添了一个章节，其中包含了各种度量和重量的换算表。

开普勒将《阿基米德古老测量艺术摘要》献给了上奥地利各城市的市长、法官和议员，这可能是有深意的，因为部分上奥地利地区的议会认为开普勒对立体测量问题的研究是多余的。他们暗示开普勒，他应该专注于职责以内的工作。1616 年 5 月 9 日，开普勒在致上奥地利议会代表的信中回应了这些指责。[188] 他表示，出版德语版《测量酒桶体积之新法》是想给印刷商带来益处，而且他认为广大市镇居民会认可这项工作。

开普勒抱怨说，他的工作在制作《鲁道夫星表》和绘制上奥地利地图中不断切换，浪费了大量时间。所以他请求代表们告诉他，应该首先投入哪项工作。开普勒讲述了目前的工作条件以及各项工作的预期投入。

提及《鲁道夫星表》的编制工作时，开普勒表示，由于皇家财务部时常拖欠工资，他无力雇佣助手来帮助他进行大量计算工作。他预计编写一本《哥白尼天文学概要》(*Epitome Astronomiae Copernicanae*)来解释《鲁道夫星表》的基本原理，并且将很快出版。[189]

关于绘制地图的工作，他写道，他在上奥地利进行勘测途中经常"受到无知、粗鲁和多疑的农民干扰，阻碍重重"。[190] 因此，如果议会想要精确的新勘测地图，他需要一名有文化的助手、一名车夫以及一个熟悉当地情况的猎人或农民陪同。这些费用自是不菲。如果议会只是希望得到一份改进的、更加详细和符合比例的地图，他也

**土地测量员（也是开普勒作为地区数学家工作的一部分），
木刻画，1598 年**

可以在家里完成这份地图。他希望议会明确自己的需求。开普勒的考虑如此周到，摆脱地图工作的心愿跃然纸上。作为回馈，他向议员们许诺，未来会再次编写占星术日历。议员们已经督促这项工作许久，但还没有成果。

由于这封信，1616 年 5 月 20 日，议员们要求开普勒提交他已完成的全部工作。[191]1616 年 8 月，议员们又以多数通过决议，将解雇开普勒。议员们希望在半年后解除他的职务。[192] 然而，这一决定从未付诸施行，这极有可能是受到了有权势的赞助者干预。尽管如此，这件事仍然反映了当时上奥地利地区的精神文化氛围。

显然，开普勒获知的情况有所不同，在半年后的一封信中，他如是写道："想必您已经知道，在地方议会会议上，我的薪酬问题引发了争论。许多骑士反对我，而男爵们则支持我。最终，在我毫不知情的情况下，我以多数票获得了胜利。"[193]

回到开普勒的书籍出版情况，我们需要回溯到几年前。早在 1613 年，开普勒《我们的救主耶稣基督的真正诞生年并非公元前一年》（*Widerholter Außführlicher Teutscher Bericht / Das unser Herr und Hailand Jesus Christus nit nuhr ein Jahr vor dem anfang unserer heutiges tags gebreuchlichen Jahrzahl geboren sey*）的德文详细版已经再版，该书亦简称为《基督诞生年报告》（*Bericht vom Geburtsjahr Christi*）。这本书承接 1606 年出版的《关于我们的救主耶稣基督的真正诞生年》一书，开普勒在其中加入了新的发现，同时回应了赫利萨乌斯·罗斯林对其年代学观点提出的批评。这本书是以马蒂亚斯·伯内格（Matthias Bernegger）作为中间人在斯特拉斯堡印刷出版的。伯内格从故乡哈尔施塔特前往斯特拉斯堡就任历史教授职位，途中在林茨停留，并于 1612 年 7 月 17 日拜访了开普勒。他因将伽利略的《两种世界体系的对话》翻译成拉丁文，而在学界崭露头角。开普勒和伯内格惺惺相惜，建立起深厚的信任。他们此后再也没有见面，但一直保持着坦诚友好的通信，直至开普勒去世。

马蒂亚斯·伯内格（1582—1640 年），
斯特拉斯堡大学历史学教授

在《基督诞生年报告》一书中，开

普勒"比较了基督诞生时异教和犹太教的历史记录以及天文观测信息"[194]，证明耶稣基督是在公元前5年诞生的。为了达到这个目标，他调用了他所有的科学知识和方法。年代学是当时一门新兴的科学，它采用了最先进的资料考证和文本比较的方法，有理有据地反驳了盲目的教条。开普勒运用神学和历史知识，辅之以天文和解释东方三博士预言这样的占星术知识，试图证明，公元6世纪狄奥尼修斯·伊希格斯（Dionysius Exiguus）计算得出的基督纪年是基于施洗者约翰之母的受孕日期，而这个日期是错误的。对于开普勒来说，年代学是一个理想的天地，他可以借助广博的知识在其中肆意驰骋。

在《基督诞生年报告》发表一年后，即1614年，开普勒发表了《论上帝永恒之子在圣母玛利亚赐福的怀抱中成长的真实年份》（*De vero anno quo aeternus dei filius humanam naturam in utero benedictae virginis Mariae assumpsit*），简称《基督诞生年小书》（*Libellus de anno natali Christi*）。"开普勒编年著作"[①]的编辑弗朗茨·汉

---

① "开普勒编年著作"是开普勒委员会（成立于1935年）代表巴伐利亚科学学院（Bayerische Akademie der Wissenschaften）编辑的一部22卷的"开普勒文集评论版"中的第5卷。

默（Franz Hammer）推测，该小书至少有部分内容是在《基督诞生年报告》之前或与之同时写成的。[195] 他猜测，开普勒急于出版德语版《基督诞生年报告》，是为了回应罗斯林的德版《年代法导论》。《年代法导论》是一份详尽透彻的年代学报告，罗斯林将它献给了皇帝马蒂亚斯。开普勒也很快将报告献给皇帝，反驳罗斯林的观点，即只需要将时间提前一年又四分之一。在结构上，《基督诞生年报告》与一年后在法兰克福出版的《基督诞生年小书》类似，但后者力求客观，争议性言论也更少。开普勒将《基督诞生年小书》献给了维也纳大主教梅尔希奥·克莱斯尔（Melchior Klesl），他是皇帝的亲信。开普勒在献词上一贯明智，这次也不例外。

1615 年,《编年纪选集》出版,这是开普勒关于编年史的信件辑选。在布拉格的最后一年，他就为这本书的出版做了准备。后来，开普勒只有一次公开谈到编年史，在《童年经典，亚当时代到基督纪年 1620 年的编年史》（*Canones Pueriles*[①] *id est Chronologia von Adam biß auff diß jetz lauffende Jahr Christi 1620*）这件

---

① "Canones Pueriles" 是一个相同字母异序词游戏，可以重新拼写成 "Joannes Keplerus"（"K" 和 "C" 在该规则中可互换）。——原文注

作于 1620 年的作品中。这出自一封寄给在乌尔姆的熟人约翰·巴普提斯特·赫本斯特雷特（Johann Baptist Hebenstreit）的信，开普勒在信中批评了预测末日的做法。这本书在乌尔姆出版，开普勒使用了异序词化名"Kleopas Herennius"和"Phalaris von Nee-Sek"。[196]

开普勒除了要面对议会思想狭隘、自己被禁止参与圣餐礼的现实，他作为皇家数学家的薪酬也经常被拖欠，这使得开普勒在林茨的生活受到诸多困扰。由于收入有限，他无法长期雇用一名助手来协助他完成《鲁道夫星表》的计算任务，只能偶尔雇用助手。1615 年 1 月 7 日，他的女儿玛格丽特·雷吉娜·开普勒（Margarethe Regina Kepler）出生倒是一桩喜事。但此时开普勒还不知道，同期，一场威胁他母亲、兄弟姐妹乃至他自己的危险正在莱昂贝格酝酿。

最初这还只是一场家庭内部的矛盾纠纷。开普勒的弟弟小海因里希在神圣罗马皇帝鲁道夫二世去世后回到家中。他要求母亲给予他钱财和最好的款待，简而言之，要对他小时候失去的一切进行补偿。他患有癫痫，曾是这个家庭的出气筒，早先他逆来顺受，现在母亲年事已高，他则想要她为曾经不公平对待自己的行为予以补偿。当母亲拒绝他的要求，反而斥责他时，小海因里希便开始在城里到处嚷嚷，喊她老巫婆。小海因里希没能亲历由此引发的后续事件，他于儒略历 1615 年 2 月 17 日或格里历 27 日去世。

此后小海因里希的弟弟，莱昂贝格的锡铸造师克里斯托夫·开普勒与玻璃工妻子乌尔苏拉·莱因博尔德（Ursula Reinbold）发生争吵，则酿成了一场沸沸扬扬的诽谤。由于生意上的分歧，两人发生了口角，争吵过程中，克里斯托夫指责莱因博尔德品行不端。这些话伤了她的心，她向母亲卡塔琳娜·开普勒抱怨。然而，卡塔琳娜没有调解矛盾或安抚情绪，反而支持克里斯托夫提出的所有指控，亦使得城里居民对莱因博尔德的不满情绪肆意滋长。莱因博尔德因此开始反击开普勒的母亲。矛盾逐渐扩大化。

当初，小海因里希·开普勒曾谩骂他的母亲是巫婆，现在莱因博尔德也提出了相同的指控。她声称卡塔琳娜·开普勒曾在多年前给她喝了一种苦涩的药水，致使她疾病缠身、内心痛苦。这项指控点燃了公众的怒火，恰好也是在 1615 年和 1616 年之交，莱昂贝格有 6 名妇女因被指控为巫婆而遭到处死。[197] 莱因博尔德设法拉到了一些盟友：她的兄弟，官廷理发师乌尔班·克劳特林（Urban Kräutlin）和莱昂贝格法官卢瑟·艾因霍恩（Luther Einhorn）结成同伙，他们喝醉了酒，找到卡塔琳娜·开普勒，用枪胁迫她承认自己使用了巫术。乌尔班要求她立刻让乌尔苏拉恢复健康。但卡塔琳娜·开普勒不为所动，她坚称她既不能让莱因博尔德获得健康，也不能让她病倒，两人最终放过了她。这种行为明显违反了法律，克里斯托夫·开普勒和玛格丽特·宾德（Margrete Binder）兄妹俩提起了对乌尔苏拉·莱因博尔德的诽谤诉讼。因为莱昂贝格的法官本人也卷入了卡塔琳娜·开普勒事件中，所以他一再拖延审理日期。由于妹妹的信件在寄送过程中的失误，开普勒直到 1615 年年末才得知这一切。他迅速做出反应。1616 年 1 月 2 日，他写信给莱昂贝格议会：

　　我怀着难以言表的悲痛心情阅读信件，12 月 29 日我接到妹妹玛格丽特·宾德于 10 月 22 日写给我的信，这封信由于领地办事处的疏忽耽搁了。信中提到了某些因妻子和其兄弟姐妹强烈的臆想而选择性遵守法律的人。他们作风轻浮，并随之失去理智，陷入了极其危险的猜疑之中。他们声称，我的母亲，这位在她前70年生命中都享有良好声誉的女士，给了这个疯人一种魔法饮料，夺走了她的理智。[198]

开普勒非常担心他在符腾堡的兄弟姐妹是否具备足够的专业知识来为母亲辩护。为确保母亲得到尽可能好的辩护，开普勒为她聘请了一名来自莱昂贝格的律师，也为自己聘请了来自斯图加特和蒂宾根的律师。这也表明他将亲自参与母亲的辩护。对开普勒来说，除了为母亲辩护，维护家族的名誉和财产也很重要。

然而，他自己也成为母亲所受的巫术指控中的一环。早在蒂宾根学习时期，开普勒就开始描写虚构的月球旅行。1608年或1609年，他重拾了这个想法，并与瓦肯费尔斯家族的瓦克一起研究了月球天文学。他的《月之梦》（*Somnium*）可以算作一本科幻童话，开普勒依照古典范本，借助梦境行文。这本书在他去世后才出版，但在出版前可能就已经以多种手抄本的形式广为流传。开普勒在书中详细描述了月球的地理和气候条件，从月球视角看到的天文现象以及月球居民的生活情况。

所有的这一切都是基于空间想象、奇思妙想和科学精度的神奇混合，完全足以被视为科幻文学的先驱。这个故事中的次要框架情节对开普勒及其母亲非常不利：故事中有一位冰岛的"草药女巫"菲奥克斯希尔德，她一直警告自己爱好写作的儿子杜拉科托不要去从事写作，这实在是太过危险，"因为……总是会有很多坏人，他们轻视这门技艺，他们对自己不理解的东西就会恶毒诽谤。"[199] 当她发现儿子的兴趣恰恰就在写作上时，禁不住怒火中烧。有一天，儿子划开了一只她平时卖给水手们的魔法草药袋，被母亲逮个正着。盛怒之下，她把儿子赔给已经付钱买了草药袋的船员，以此弥补自己的损失。儿子后来辗转流落到汶岛，被第谷·布拉赫培养成了一位天文学家。离家 5 年之后，他回到家乡，终于感动了自己的母亲，使得母亲向他透露了自己神秘知识的来源。他这才得知，原来他的母亲得到一位"来自月亮的魔鬼"传授魔法。这个魔鬼此时被召唤了出来，向母子俩讲述了一场奔月之旅。开普勒后知后觉，在女巫审判大行其道的时代，创作这个故事是多么冒险的行径。20 年里，开普勒为这个文本写了许多注解，想要将所有的问题都予以澄清。

《月之梦》先于伽利略1610年的《星际信使》而存在。而在《星际信使》中，伽利略公开使用望远镜观察月球。1611年，开普勒将《月之梦》的一份手稿副本交由沃尔克斯多夫男爵（Baron Volckersdorff），途经布拉格，送至蒂宾根。在他自己也被指参与禁忌巫术之后，开普勒怀疑《月之梦》的内容已经由于信使不慎泄露而传播出去了。[200] 显然，故事中的角色具有自传式的特点，开普勒为菲奥克斯希尔德赋予了像他母亲一样的坚强性格。卡塔琳娜·开普勒是在她母亲去世后由魏尔德斯塔特城里的一位亲戚养育成人的，这位亲戚教给了她有关草药的知识。她运用这些知识做了什么已经不得而知。

然而，种种迹象表明，卡塔琳娜·开普勒可能有时不够亲善，大大咧咧，并因此惹祸上身。在这方面，开普勒没有丝毫掩饰，他讲到她身上存在的缺点，包括常唠叨、爱打听、脾气急、心思坏、多抱怨等，这些特质在那时非常普遍。[201] 但开普勒也袒护她："鉴于对方对她的指控和恶意怀疑，我详细调查了全部情况。她守寡28年，没有家庭的支持，与多个未受教育的子女共同生活，她和很多人一样在社会底层挣扎，生计困难，日渐贫穷，而财产又遭争夺，因此一再陷入各种争吵，生出不满和敌意。除此之外，我找不到其他任何原因。"[202] 莱昂贝格已经因为近期的数起女巫审判事件而搞得人心惶惶。

开普勒获取了现有全部卷宗的副本，他远在林茨，但通过信函联系了符腾堡的约翰·弗里德里希公爵及其官员以支持他的母亲。在林茨，他忙于撰写《哥白尼天文学概要》，编制《鲁道夫星表》以及 1617 年和 1618 年的星历。与此同时，莱昂贝格的事件却升级了。传言一个接着一个：一个女孩声称，在接触卡塔琳娜·开普勒之后，她的手臂瘫痪了。不难推断，女孩手臂瘫痪很可能是由过度劳累引起的，但臭名远扬的约尔格·哈勒（Jörg Haller）以此为借口对卡塔琳娜·开普勒提起赔偿诉讼。他的妻子瓦尔布加（Walburga①）与莱因博尔德合伙，是这项诉讼的背后推手。无论出现什么问题，无论是牲畜害病还是其他灾祸，人们都会想到卡塔琳娜·开普勒。对法官来说，针对卡塔琳娜·开普勒的赔偿诉讼是一个绝佳机会，可以在短期内取消诽谤诉讼的证人传唤。此时卡塔琳娜·开普勒犯了一个错误：她表示，虽说审判实际上应该为她洗脱罪责，但她答应法官，如果能将审判限制在损害赔偿的范围以内，她就会给他一只银杯。法官立即将

---

① 此人又名"辛德布尔加"（Schinderburga）。——原文注

她试图干涉审判以及所有关于她使用巫术的谣言报告上级，从而分散了有关方面对他拖延策略的注意。

法官进而散布消息，称将奉命逮捕卡塔琳娜·开普勒并加以刑讯。克里斯托夫·开普勒随即将他的母亲带到了妹妹在霍尔曼登的住处。两人与母亲商议，建议她前往开普勒所在的林茨，开普勒也一再请求她前往。尽管不情愿，卡塔琳娜·开普勒还是同意了。深秋时，她在乌尔姆遭遇寒流，于是折返回来。克里斯托夫对此感到不悦，不顾其明确意愿将她带到了林茨，两人于儒略历 1616 年 12 月 3 日或格里历 13 日抵达。[203] 人们将这趟行程视为卡塔琳娜·开普勒出逃以及居心不良的证据。为防止情况进一步恶化，开普勒在 1617 年年初向斯图加特的副法律总管塞巴斯蒂安·法贝尔（Sebastian Faber）详细描述了针对他母亲的诽谤行为，并请求他接纳并支持他和他母亲的律师。[204]

在林茨，卡塔琳娜·开普勒病重，开普勒很担忧她的生命安危，但他又必须在 1617 年 2 月前往布拉格为皇室工作两个月。在布拉格逗留期间，开普勒首次听说了约翰·纳皮尔（John Napier）的对数计算，也得以迅速浏览纳皮尔在 1614 年在爱丁堡发表的《对数法则的奇妙描述》。这促使他后来独立研究对数计算，并决定将《鲁道夫星表》转化为对数计算。后来，他在马尔堡出版了两部作品，分别是 1624 年的《千对数表》（*Chilias Logarithmorum*）和 1625 年的《千对数补充》（*Supplementum Chiliadis Logarithmorumen Morum*）。

开普勒还利用他在布拉格的时间，将一份他为家庭所写的小册子印刷出来，即《我们的救主耶稣基督之圣体和圣血的圣餐教义对我的孩子、家仆和亲人的教导》（*Der Unterricht vom Heiligen Sacrament des Leibs und Bluts Jesu Christi unseres Erlösers für meine Kinder, Hausgesind und Angehörige*）。谨慎起见，这本书没有署名。书中，开普勒以问答形式探讨了"圣餐"的意义，这是他与符腾堡教会之间的主要争议。开普勒把这本书分发给他的朋友和熟人，向他们解释他所深信不疑的信仰。他还给蒂宾根的马蒂亚斯·哈芬雷弗也寄送了一份。

回到林茨后，开普勒继续工作，包括撰写《哥白尼天文学概要》、编制星历表以及《鲁道夫星表》。与此同时，在莱昂贝格，诽谤诉讼程序依旧遥遥无期。尽管宫廷总理府和宫廷法院已下令确认诉讼日期，法官艾因霍恩依旧置之不理。此事直到 1617 年夏天才有了一丝希望，程序不久后将会启动，但卡塔琳娜·开普勒决定在9月初返回霍尔曼登，这与开普勒的建议背道而驰。不久前，1617 年 7 月 31 日，开普勒和苏珊娜的二女儿出生，取祖母名卡塔琳娜（Katharina）。然而，仅仅一个多月后，9 月 8 日，卡塔琳娜不到三岁的姐姐玛格丽特就死了。据开普勒记述，她死于咳嗽、痨病和癫痫。[205]就在开普勒还在犹豫是否前往符腾堡看望母亲时，他收到了一则消息，他的继女雷吉娜·埃姆于 10 月 4 日去世。菲利普·埃姆请求开普勒，将开普勒 15 岁女儿苏珊娜暂时送去照顾他的孩子们，以代替他们母亲的职责。于是，开普勒带着女儿苏珊娜前往雷根斯堡附近的瓦尔德巴赫，然后独自前往符腾堡。此前他向地方当局申请前往普法尔茨，意在掩盖他此次行程的真正目的。[206]

他到达符腾堡时，恰逢宗教改革一百周年的庆祝活动。他很快发现，法官在继续拖延他母亲的诽谤诉讼。因此，开普勒试图说服母亲再次与他一起回到林茨，希望整个案件就此不了了之。但是卡塔琳娜·开普勒表示反对，她认为人们会视之为逃避。即使开普勒已经正式获准将母亲带回林茨后，她仍然拒绝同往。

1617 年圣诞节，开普勒返回林茨。最终，在 1618

年5月7日，拖延已久的开普勒对莱因博尔德的诽谤诉讼的证人询问最终得以举行，但未能如愿实现完全免责。与此同时，由于担心哈勒一方可能会独吞赔偿，雅各布·莱因博尔德（Jakob Reinbold）也提起了一项针对卡塔琳娜·开普勒的损害赔偿诉讼。他要求得到不少于1000古尔登的赔偿，作为对其妻子伤害的弥补，这在当时是一笔天文数字。开普勒的同学及律师，蒂宾根的法律教授克里斯托夫·贝塞尔德（Christoph Besold）曾警告他，一切迹象都表明，有人正积极推动一项指控卡塔琳娜·开普勒施行巫术且干扰司法程序的刑事诉讼。

还在符腾堡的时候，开普勒曾前往蒂宾根与老友和熟人会面，他提到了与米夏埃尔·马斯特林和马蒂亚斯·哈芬雷弗的会面。他与马斯特林讨论了《鲁道夫星表》的出版事宜，也希望哈芬雷弗能够就他被禁止参与圣餐礼的问题在斯图加特教会监理会为他说话。开普勒还去了尼尔廷根，

在尼尔廷根我遇到了一位名叫威廉·希卡德（Wilhelm Schickard）的年轻人，他头脑聪明，热爱数学，是一位非常勤奋的机械师，同时也精通东方语言。差不多处理

威廉·希卡德（1592—1635年），
蒂宾根大学希伯来语教授

完家务事后，我途经奥格斯堡和瓦尔德巴赫，终于在1617年12月回到家中，当时圣诞节假期已经开始。回到家后，我一直在编写1617年的星历及引言（由于资金短缺，1617年的星历在1618年秋才出版[207]）。其间，我也着手处理《鲁道夫星表》和《哥白尼天文学概要》的第二部分。我回家时，我发现我那8月出生的女儿患上了感冒（不久前我刚失去了三岁的玛格丽特）。这场病以悲剧告终（女儿卡塔琳娜·开普勒于1618年2月9日去世）。因为她需要安静，所以那时我将《鲁道夫星表》的工作搁置下来，并将心思转向了完成《世界的和谐》一书。[208]

早在格拉茨时期，他就已经开始构思这本书。开普勒对此格外上心，但一直没有足够的空闲时间和安静环境来完成它。如今，开普勒经历了如此多命运的打击，他几乎把《世界的和谐》当作一种对抗失意和忧郁的良药。对他来说，"生活里再没有什么比这更让我开心的了"[209]。在尼尔廷根时，开普勒委托威廉·希卡德制作《世界的和谐五部》的木刻版，这表明，这项工作的进展已经非常深入。

那时正值时局动荡，波希米亚主要的新教地方贵族和波希米亚当局的紧张关系升级。原因在于，1617年，没有子嗣的神圣罗马帝国皇帝兼波希米亚国王马蒂亚斯选择其侄子斐迪南大公为继承人并推动他当选波希米亚国王。斐迪南大公在国家和宗教问题上立场鲜明：他坚定支持天主教再度复兴，通过中央集权来削弱地方议会

左图，马蒂亚斯皇帝，在1617年之前一直担任波希米亚国王
右图，斐迪南，克恩顿和施蒂利亚大公。1617年起成为波希米亚国王，1619年当选为皇帝。

的权力。早在格拉茨时期，开普勒就已经深切体会斐迪南的政策，他非常担忧事态的发展。他知道，这可能意味着他需要离开林茨，另寻出路。

波希米亚的贵族多数是新教徒，对于来自施蒂利亚的哈布斯堡家族成员斐迪南当选波希米亚国王这种情况，他们并没有表示抗拒。但当斐迪南真正当选以后，人们这才恍然大悟，波希米亚贵族所谋求的更大政治权力和宗教自由很难实现，他们早该认识到这点。与此同时，斐迪南还是匈牙利国王，最终他成为马蒂亚斯的继任者，登上了神圣罗马帝国的皇位。直到 1618 年，忽视波希米亚新教反对派的恶果才暴露出来。1618 年 5 月 23 日，布拉格的新教徒暴动，引发了著名的"掷出窗外事件"。在这些新教徒眼中，上层的迫害是非法的，他们借此表达不满。起初这只是一起局部冲突，但其中蕴含的巨大破坏力不久之后便会显露出来。

对于开普勒来说，1618 年之后的几年是他的丰收期。他为数部作品倾注多年心血，现在这些作品逐一完成，包括《哥白尼天文学概要》《世界的和谐五部》和《鲁道夫星表》。特别是后两部作品，为完成它们，开普勒花费长达几十年。《哥白尼天文学概要》是第一本基于日心说行星系统的天文学教科书。开普勒的研究和行星系统理论都远超哥白尼学说，但他一直保持低调，这也导致许多后世科学家相对低估了开普勒的成就。伽利略等人总是不遗余力地夸耀自己的成就，有时甚至无中生有，在这一点上，开普勒与他们恰恰相反。

按照开普勒的最初计划，《哥白尼天文学概要》的印刷工作由奥格斯堡的约翰·克鲁格负责，这项工作在1615年春天就能开始。也正是在1615年，印刷商约翰内斯·普朗克搬到了林茨，开普勒便希望在本地完成印刷工作。经过一番拉锯，开普勒最终同意向克鲁格支付一笔赔偿费。因此，直到1616年年底或1617年年初，《哥白尼天文学概要》的印刷工作才开始。1617年年初，开普勒在布拉格逗留了3个月，但这段时间内，印刷工作又出现了一些错误和遗漏。1617年深秋，《哥白尼天文学概要》前三卷"球面天文学"（Doctrina sphaerica）基本完成印刷，但直到1618年，开普勒从符腾堡返回后，《哥白尼天文学概要》前三卷才面市。

这本书以宗教问答的形式展开，开普勒首先通过问答将读者引入球面天文学（第1～3卷），然后进入理论天文学（第4卷及第5～7卷）。开普勒首先介绍球面天文学的基础及辅助工具，包括观测数据、计算方法、仪器、假设及其基础。在此之上，开普勒解释了地球的形状、天空的形状、环绕地球的大气的性质和高度、地球在宇宙中的位置以及地球一般运动的原因。《哥白尼天文学概要》第2卷详细介绍了地球球面，并解释了天文坐标（地平线、轴线和极点、经线等）。第3卷则扩展到宇宙，解释了星空的每日和季节性变化。第4卷介绍了天体物理学，开启了《哥白尼天文学概要》的理论部分。与最初的计划并不符，第4卷于1620年才经修订后单独出版。第5～7卷则在一年后由法兰克福的戈特弗里德·坦帕赫（Gottfried Tampach）出版。

"请你解释下，为什么黄昏时分太阳周围会有明亮物质聚集？"
木刻图，摘自开普勒著《哥白尼天文学概要》

《哥白尼天文学概要》一书的印刷遭遇了延迟和中断，但回顾来看，这也不失为一种幸运，开普勒得以借此机会将他在完成《世界的和谐》过程中获得的新发现融入这本教材中，如"开普勒第三定律"以及他在1619年才深入研究的对数运算。所以，我们最好再次回溯到《世界的和谐》这本书。前文已经提及，在女儿卡塔琳娜去世后，开普勒投身于这本书的工作，在其中寻找慰藉。

当开普勒在1618年春天再次投入《世界的和谐》相关工作时，这本书很可能已经大体完成。根据开普勒的记录，他在儒略历1618年5月17日或格里历27日完成了这项工作，在之后的印刷过程中，只对第5部进行了一次修订，并在儒略历1619年2月9日或格里历19日完成[210]。这次修订相当必要，因为他在1618年5月15日发现了后世所谓的"开普勒第三定律"。

长期以来，开普勒一直在寻找两颗行星的公转速度与它们与太阳的距离之间的和谐比例。当他最终找到这个比例时，他激动不已：他在《世界的和谐五部》前言中写道，

18个月前，晨光熹微，3个月前，天光明亮，而就

在几天前，一轮红日终于喷薄而出，那景象真是无与伦比。如今再也没有什么能让我止步不前。……总之书是写成了，骰子是掷下了，是当代的人们读它，还是子孙后代读它，对我都无关紧要了。也许它要等上一百年才能等来属于它的读者，毕竟上帝为他的观察者已经等待了六千年之久。[211]

在第 1 卷的引言中，开普勒阐明了《世界的和谐》一书的研究基础：他引用了普罗克洛·迪亚多科斯（Proklus Diadochos）对欧几里得《元素》的评注，作为他这部杰作的开篇。

数学是自然观察中最大的功臣，它揭示了宇宙赖以形成的井然有序的思想结构……它阐明了原始元素全然和谐均一的构造，而这正是构成整片天空的基础，在其中，每个部分都相宜而得当。[212]

这段引文集中反映了开普勒的关注点：对开普勒来说，数量是创造的根本。开普勒希望研究数量的近似、比例，以及数量在算术、球面、声学、物理和形而上学方面的表现形式，由此说明创造基于和谐的比例。开普勒将普罗克洛与毕达哥拉斯学派和新柏拉图主义的传统联系起来。

　　形状和比例是尺度的典型特征，其中形状涉及单个尺度，而比例涉及它们之间的相互关系。形状是通过界限实现的。……智力可以理解任何有界、封闭和有形之物。而对于本质上无界和无限之物，由定义限定的知识或者几何构造都不能涵盖它。形状首先存在于原型中，进而存在于具体物中，首先存在于神圣精神中，然后存在于造物中，尽管根据主体的不同以不同的方式存在，但它们的本质形式是相同的。较尺度而言，形状是一种精神存在，二者的本质区别在于思维。如果考虑比例，这一点将更加明确。形状由多个界限实现，具有多样性，因此形状需要利用比例。然而，比例只能通过智力行为来理解。因此那些将边界视为尺度最本质原则的人，也就同时承认了，具有形状的尺度同时也是一种智力存在。[213]

　　对开普勒来说，创造活动的起点是圆形和由其派生的和谐比例。开普勒基于平面规则多边形（等边，等角，对称）来研究它们的"可知性"。这里"可知性"

指的是确定圆的直径或半径与内接规则多边形边长之间的比例关系,并能通过圆规和尺子来构造该多边形。

在《世界的和谐》第 2 卷中,开普勒研究了几何图形的全等关系。这里的"全等关系"与今天的常用含义不同,它指的是规则几何图形是否可能在一定范围内无间隙排列。在《世界的和谐》的第 1 卷中,开普勒划分了规则几何图形可知性的级别,在第 2 卷中,他进一步划分了规则全等关系的完善度级别,包括平面全等和空间全等。在此基础上,开普勒介绍了他新发现的星形正多面体,星形十二面体和星形二十面体,这二者与五个正多面体具有相似特性。

《世界的和谐》的第 3 卷被开普勒称为"真正的和

开普勒《世界的和谐》中的星形正十二面体和正二十面体

谐之书"，这一部分围绕比较几何和音乐中的和谐比例展开。开普勒首先详细介绍了毕达哥拉斯学派的数字理论，然后深入探讨了协和音程的成因。开普勒比较了一根弦的和谐分割与规则全等图形对圆的分割问题。"整根弦被分割成部分，这些部分既在彼此之间，也与整根弦和谐共鸣"[214]，弦的分割就是和谐的。开普勒研究了单次分割的各种可能并得出结论："弦的和谐分割方式共有7种，再无更多。"[215]

通过下段引文，我们可以窥见几何对开普勒的影响之深：

前两部介绍了部分几何学的内容，这些内容就像上帝一样永恒并闪耀着神圣的思想，……上帝提供组成世界的图像，它们是至善至美，与造物主最相似的。人类与造物主拥有相似的面貌，思想、灵魂和理性的地位高于肉身，以便指导它们，使其移动、长大、维续并繁衍。

因此，人们的日常行为某种程度上是创造性的活动，与造物一样遵循几何原则。无论在哪里找到一种比例，无论是通过纯粹的理性思考，还是感官对事物的干预，抑或是无须推理思考而依靠隐藏本能，如果它与上帝使用的比例相同，人们便会欣喜。……只要和谐存在，万物便生机盎然；一旦和谐被干扰，一切便都会衰颓。[216]

在第 3 卷末尾附录，为回应让·博丹（Jean Bodin）的《论共和国》，开普勒写下《三种手段》（*Über die drei Mittel*）一文，其内容有关政治、社会和国家中的和谐比例。此外，在第 4 卷中，开普勒探讨了星辰的和谐配置以及它们对地球，或更确切地说对地球之魂和地球居民之魂的影响。

第 4 卷通常被称为"占星学卷"，开普勒提到了普罗克洛的"灵魂理论"。他引用了普罗克洛对欧几里得评注第 1 卷中的一段话：

如果数学概念不是从物质事物中抽象出来的，也不是通过对个别事物的共性进行总结而得到的，如果它绝不晚于感官事物，也不是从中衍生出来的，那么灵魂就必须从自身或精神中获得这些概念，或者是同时从自身和精神中获得这些概念。……因此，灵魂不是一块白板而没有任何概念，确切地说，它总是被描述的。灵魂在自身书写，并由思想描述。因为灵魂本身也是一种思想，它与比它更早存在的思想相一致并激发自己，它是这种思想的外显和类比。[217]

随后开普勒先探讨了"与和谐相关的灵魂能力的数量及特性，进而转向狭义的占星术及其有效配置（或星座）的原因"。在这一背景下，开普勒所设想的占星术只是作为更大的和谐秩序的一个特例，如本文所述，这个秩序有赖于一种"泛心论"的概念。和谐，无论是谐音、角度还是配置，都由各自的灵魂能力掌握和储存。开普勒认为一切有灵魂的东西都具有亲和性和对应关系，都有实现的可能，也包括地球。

开普勒认为，灵魂能力会集中在一个点上，就像光线向外辐射一样。"最高的灵魂能力被称为'mens'（精神），它是点，因为它是思维；它是圆，因为它能得出结论；它是神之显现的映像；它是和谐，因为它是唯一的能量；它通过圆涵盖了数学的理念和概念；它使这些观念与和谐成为智力可以理解的存在。"[218]

人出生时，灵魂就打上了行星和星座的烙印，当相似的配置再次出现时，灵魂会以特殊的方式被触动和激活。

"这一切并非由天空本身直接引起的，相反，灵魂将自身行为与天空的和谐联系起来，在所谓的'来自天空的影响'中扮演了领导角色。"[219] 因此，这更多涉及的是灵魂之间的往来和互动，而不是日月星辰对人的单向影响。

在第 5 卷的序言中，开普勒回顾了《世界的和谐》的漫长铺垫，而随着"开普勒第三定律"的发现，它迎来了高潮和终局。第 5 卷可以说是前几卷的精华，它深入探讨了宇宙的创造计划，试图证明宇宙的和谐组成。开普勒再次回顾了五种正多面体，研究它们的特性和比例，并从中得出了不同的亲缘关系。开普勒引用了天文学的主要原理以展示行星运动的和谐比例。基于这一背景，开普勒引出第三条行星定律，该定律将两颗行星的公转周期与它们与太阳的平均距离的立方关系联系起来，即 $t^2 : T^2 = r^3 : R^3$。

如果问我精确的时间，我想是在 1618 年的 3 月 8 日，这个比例浮现在我的脑海中。但当时我运气不好，在计算时，我认为这个等式是错误的，于是将其弃之不顾。最终，在 5 月 15 日，它再次浮现并划破了笼罩在我思想上的黑暗，17 年来我研究第谷的观测资料与我现在的思考是如此的契合，最初我甚至以为我做了一个梦，这个结论像是在数据里预设好的。毫无疑问，这个比例完美无缺，任意两颗行星的公转周期之比等于平均距离即它们的轨道本身比例的 1.5 倍。然而需要注意的是，椭圆轨道的两个直径之间的算术平均值略小于较长的直径。[220]

行星轨道的偏心率过去曾引起许多困惑，现在开普勒找到了这一比例关系，他将其视为宇宙复调的源泉。太阳上一个虚构的观察者或"听众"可以感知到所有行星的"声音"，并在不断变化的和弦交响中欣赏到造物的美丽和谐。毕达哥拉斯学派只为每颗行星指定一个音调，而开普勒则不同，他在行星轨道的偏心率中发现了音阶，这些音阶和谐地产生了变化的旋律与和声。

对开普勒来说，太阳作为宇宙的中心[①]，是世界灵魂的所在地。《世界的和谐》一书的尾声也这样写道：

光从太阳发出，太阳是世界的焦点，或者说是眼睛；它是世界上生命和温暖的心脏；是一切运动的主宰和

---

① 请记住：开普勒认为，世界不是无限的，与布鲁诺不同，他不认为恒星就是数量无限的太阳。——原文注

推动者。不仅如此，太阳还拥有王权，可以同时收拢起全世界的所有产出，这些产出物以一种最可爱的和谐方式存在……。[221] 如果可以握住那根贯穿于自然奥秘迷宫中的红线，那么我相信下面的结论应该不会太率强：辩证思维与理性的关系就像六个球体与它们的共同中心，即整个世界的中心的关系……。就像太阳自转并通过其基本形态推动所有的行星，哲学家教导我们，心灵通过认识自身表面和自身中的万物而得出结论。也就是说，它展开其朴素性并进行讨论，从而得出结论，并使一切得以被认识。[222]

开普勒认为，所有的创造都是为了自我发展和实现，意义对他来说具有头等重要的地位，因此他无法想象太阳和其他行星上会无人居住。他发问：

如果这个球体是空的，那它还有什么意义呢？感官已经在呼唤：这里居住着炽烈的躯体，蕴藏着简单的精神，尽管实际上太阳并不是女王，但也至少是思想之火的皇家城堡。

我有意打破沉睡和漫无边际的沉思，与大卫王一同赞叹……主的高贵，主的伟力，主的无边智慧。[223]

开普勒以对上帝的赞美为他的《世界的和谐》画上了句号，并在附录中介绍了托勒密和罗伯特·弗拉德（Robert Fludd）的和谐理论。开普勒将《世界的和谐》献给了英格兰的詹姆斯一世（Jakob I，此人也是苏格兰的詹姆斯六世）。早在1607年，他就向其寄送了《蛇夫座脚下的新星》。对开普勒来说，詹姆斯一世是希望的传递者，开普勒希望他能统一基督教教义，并让科学见解对实际政治生活能产生决定性影响，然而后者难以满足这些殷切的期望。

开普勒的丰硕成果为1618年开了个好头，但他与符腾堡官方教会的冲突为这一年蒙上了一层阴影。在蒂宾根逗留期间，开普勒曾请求哈芬雷弗调解他与斯图加特教会的矛盾，但他等候一年都没有收到哈芬雷弗的回信。终于，开普勒于1618年11月28日给这位昔日的良师益友写信，要求他坦承他是如何就开普勒被禁止参与圣餐礼之事说情的。[224] 哈芬雷弗花了一些时间来回复。开普勒原本断定，长时间的沉默就是拒绝的信号，但实际情况并非如此，哈芬雷弗在儒略历1619年2月17日写信给开普勒。他不是那种犹豫不决的人，即使方式残忍，他也会为朋友指明通往真理的道路。尽管他在天文学问题上很欣赏开普勒，但涉及神学问题时，他不得不告诉开普勒："放手吧！任何人，无论头脑多么聪明，都必须装傻充愣。"[225] 令他痛心的是，开普勒认为，符腾堡教会可能会遭受与勃兰登堡、普法尔茨选侯国或普法尔茨－诺伊堡教会同样的命运：普法尔茨－诺伊堡伯爵及其领地皈依了天主教，勃兰登堡和普法尔茨选侯国则皈依了加尔文教。[226] 尽管哈芬雷弗努力以和解的口吻结束他的信件（"保重，我最最珍重的朋友……，也请你宽恕伤害你的朋友"），开普勒还是用了很长一段时间才给他回信。他觉得哈芬雷弗误解了他，而且，"被他谴责无异于毁灭。"1619 年 4 月 11 日，开普勒给哈芬雷弗写信："我恳求您，让这封信焕发友好和明亮的面貌，在它的温暖和鼓舞下，使我受伤的心能在某种程度上平静下来。"[227] 他重述了事件的经过，并再次请求哈芬雷弗调解他与斯图加特教会监理会之间的关系，"我绝不想让自己沦为众人嫌弃的对象。相反，我必须根据我的情况，用适当的手段来反驳各种认为我是异端邪说的传言。"[228]

儒略历 1619 年 7 月 31 日，哈芬雷弗回信，信中附上了 1612 年 9 月 25 日教会监理会决定的证明书。哈芬雷弗对延迟答复致歉，表示与同事和教会监理会的协调花费了大量时间。他表示，对于开普勒对"道成肉身"这段话的解释，他和他的同事们都无法"赞同这亵渎神灵的思想"。"相反，出于虔诚和基督徒之爱，我们与斯图加特教会监理会一同建议您摒弃愚昧理性的感召，而要像所有真正的基督徒一样，以真正的信仰接受天国的真理，虔诚地朝拜与敬仰。……但是，如果您继续抵制我们兄弟般的劝诫，我们便认为人类愚蠢的理性之剑对您造成的不幸伤害无法治愈，我们也不知道以何种方式可以治愈对教会的伤害。一个对正统信仰不实践、不信奉的人，怎么能享受与他所背离的教会相同的圣礼呢?"[229] 哈芬雷弗再次强调这绝非他个人的观点，最后他劝说开普勒"宝贵的灵魂归于无所不在的基督，你的救赎主"。这封回信对开普勒来说是毁灭性的，而它也是哈芬雷弗写给他的最后一封信，不久后的 1619 年 10 月 22 日，哈芬雷弗去世。

对开普勒来说，哈芬雷弗，这位能与质疑自己信仰的人相抗衡的权威人士不在了，制止流言蜚语的希望便全部破灭。开普勒后来回忆说，教会监理会的决定最初令他很消沉，最终也与他的目的背道而驰：开普勒决定拒绝签署《协和信条》，这使他摆脱了折磨他多年的内心冲突。

此时，我平静地接受了这一禁止参与圣餐礼的决定。我想，他们是因为缺乏判断力才做出这个决定的，我并不对他们生气，因为他们是基督徒个体，而他们在言语上表达了博爱的态度，也在行动上付诸实践。还有别的一些神职人员，即使他们知道了我拒绝签署信条的事，也不会在施予我圣餐这件事上心有芥蒂。[230]

开普勒是在 1625 年做出上述表态的，其时禁止参与圣餐礼产生了一系列令人困扰的后续事件：蒂宾根神学教授卢卡斯·奥西安德（Lucas Osiander）和西奥多·图姆（Theodor Thumm）未经事先询问就在《门策尔记录》（*Acta Mentzeriana*）中发表了哈芬雷弗写给开普勒的最后一封信。这本书的内容是有关蒂宾根神学院与吉森神学家巴尔塔萨·门策尔（Balthasar Mentzer）之间的神学争论。此时的开普勒正在符腾堡的蒂宾根境内，为印刷《鲁道夫星表》筹集资金，他得知这封写给他的私人信件被公之于众后非常愤怒，因为公开这封信很可能会让他被所有读者视为异端。他立即撰写了《对写给神学博士马蒂亚斯·哈芬雷弗书信的注释》（*Notae ad epistolam D. D. Matthiae Hafenrefferi*），公开叙述了自己在基督肉身无所不在的问题上持不同立场的历程（即上文引文）。开普勒走到风口浪尖，试图澄清自己的立场，防止被人胡乱猜测。

早在 1618 年或 1619 年，开普勒还在等待教会监理会的决定时，他就写了一篇名为《信仰告白及拒绝所有因此而产生的不幸谣言》（*Glaubensbekandtnus und Ableinung allerhand dest-halben entstandener unglücklichen Nachreden*）的文章，试图以此表明自己的立场。该作品只于 1623 年在斯特拉斯堡印刷了 100 册，但没有标明作者和印刷地点。在该作品中，开普勒描述了自己的尴尬处境：他对神职人员的质疑过于坦诚，普罗大众把他的认真当作愚蠢；对于普通人来说，他过于自吹自擂，而对于学者来说，他过于吹毛求疵。他只关心一件事，那就是化解宗教的争端。但在当时，这一愿望几乎是不可能实现的。

战争的苗头愈发清晰，而这场战争将发展成为一场持续三十年的大灾难。波希米亚人正在寻找盟友，他们找到了摩拉维亚人、匈牙利人、西里西亚人、上奥地利人和特兰西瓦尼亚人，并准备向维也纳进军。根据当时的观点，天象本身已经预示了即将到来的灾难：天空中出现了三颗彗星，第一颗出现在 8 月底，即 1618 年 8 月 27 日，第二颗出现在 11 月 20 日，第三颗出现在 11

月 29 日，因此后两颗彗星可以同时被看见。开普勒在他的预言书中对 1618 年至 1619 年会出现若干彗星的现象曾提出过预警，"这不是什么好兆头"[231]。1618 年的彗星再次引发了一场持续多年的关于彗星成因、性质和轨道的争论，包括开普勒在内的多位著名天文学家都参与了这场争论，开普勒也于 1619 年春发表了《有关彗星的三篇论文》(*De cometis libelli tres*)。但简单概括来说，伽利略、开普勒和格拉西(Grassi)都错了。

1618 和 1619 年之交的冬天给了开普勒短暂的喘息机会。开普勒再次成为父亲，他的儿子塞巴尔德(Sebald)于 1619 年 1 月 28 日出生。不久之后，事情发生了转折：此前已被削弱的皇帝马蒂亚斯于 1619 年 3 月 20 日死于维也纳。4 月，图恩家族的海因里希·马蒂亚斯伯爵(Heinrich Matthias Graf von Thurn)率领的波希米亚军队进军摩拉维亚，起义者也加入了军队的行列。6 月初，这位图恩伯爵和他的军队来到维也纳。如果起义军的意志更坚定，军队装备更精良，他们很可能有机会攻下维也纳。但是，由于物资短缺、瘟疫流行，军队只能选择撤退，而此时帝国军队已经攻入波希米亚西南部。1619 年 7 月 31 日，波希米亚人通过了一部新宪法，即《邦联法》，其中规定了选举王权和地区共和国的广泛自治权。不久之后，波希米亚各地宣布废黜国王斐迪南。他们在两年前对国王的加冕表示认同，现在却想起了当时被忽视的承诺：选举王权和自由决定王位候选人。现在，新教联盟的领袖、普法尔茨选帝侯腓特烈被选为波希米亚王室的候选人。这是在试图逼迫斐迪南从波希米亚王位上退位，但最终却不可逆转地加剧了双方阵线的紧张局势。

1619 年 8 月 28 日，斐迪南在美因河畔法兰克福加冕为皇帝。两天前，普法尔茨的腓特烈不顾劝阻，接受自己被选为波希米亚国王的结果。所有的调停尝试都无果而终，包括詹姆斯一世派往神圣罗马帝国的英格兰特使，在唐卡斯特勋爵（Lord Doncasters）的领导下，在波希米亚和斐迪南之间进行的调停也以失败告终。1619 年 2 月 13 日，开普勒曾将他的《世界的和谐》献给詹姆斯一世，詹姆斯一世是这位普法尔茨的腓特烈（即波希米亚国王）的岳父。当英格兰公使团于 10 月抵达林茨进行无望的调停工作时，使团中的诗人兼神学家约翰·多恩（John Donne）拜访了开普勒。从开普勒给一位不知名女士的信中可见，那是在 1619 年 10 月 23 日。[232] 可以推测，约翰·多恩熟悉开普勒的《蛇夫座脚下的新星》和关于伽利略《星际信使》的争论，因为他在 1611 年出版的《洛约拉的秘密会议》中对开普勒略带嘲讽："正如开普勒自己所证明的，自第谷去世后，他就给自己定下任务，确保在天文学领域不出现任何超出他知识范围的新情况。"[233]

到 1619 年 7 月底，《世界的和谐五部》的印刷工作已基本完成，只是还缺威廉·希卡德为该书绘制的封面及插图。直到 1619 年至 1620 年的冬天，这些图画才完成，1620 年 1 月才提交印刷。[234] 1619 年 8 月 4 日，开普勒写信给维也纳的宫廷医生约翰内斯·雷穆斯·奎坦纳斯（Johannes Remus Quietanus）：

> 在目前的动荡局势下，我仍在林茨，与其说是出于自愿，不如说是迫于形势。我的研究没什么伤害性，我希望这点可以保护我，如果发生意外，也希望天文女神可以护佑我平安。我可以做得更多，只是时机不利。[235]

为了出版星历表和《鲁道夫星表》，开普勒在 1619 年详细研究了约翰·纳皮尔的对数计算，并于 1620 年出版了星历表。研究对数计算后，开普勒全面改写了《哥白尼天文学概要》第 4 卷，并于 1624 年在马尔堡出版了对数著作《千对数表》。

马蒂亚斯皇帝的去世和斐迪南的继位所引起的动荡也给开普勒造成了影响，现在他必须等待，看自己是否能被确认为皇家数学家。两年后，开普勒才得到这个确认。尽管他与斐迪南之间存在着种种隔阂，但开普勒看到了他们两人命运的交织。开普勒在《1619 年的革命》（*Revolutio anni 1619*）中写道，他在斐迪南 18 岁生日的第二天，即 1595 年 7 月 19 日，便萌生了创作《世界的和谐》的想法。当斐迪南成为德意志皇帝时，他又拾起这一想法，并在斐迪南加冕为匈牙利国王时把它变为现实。[236]

1619 年，开普勒主要的工作是出版《世界的和谐》、研究纳皮尔的对数以及与符腾堡教会展开宗教争论。之后开普勒便着手完成他的《哥白尼天文学概要》。除了《鲁道夫星表》之外，《哥白尼天文学概要》是开普勒最广博的著作，但其理论部分仍未完成。开普勒原计划将《哥白尼天文学概要》的理论部分分为 4 卷出版，但迫于现实，最终他决定将第 4 卷单独出版，其中包含《哥白尼天文学概要》的核心部分"天体物理"。当林茨被巴伐利亚军队占领时，第 4 卷的印刷工作正全速推进。开普勒写道："巴伐利亚军队所到之处，军队和平民伤亡严重，他们要是都在从事印刷工作该多好。"[237] 斐迪南二世皇帝

（Ferdinand Ⅱ）将上奥地利地区抵押给了巴伐利亚公爵马克西米利安，作为对他已经和将要在战争中所付出的补偿。

不久之后，大概是在 8 月中下旬，当开普勒得知母亲于 8 月 7 日上午在斯图加特附近的霍尔曼登，在她女儿玛格丽特家中被捕的消息时，他清楚地意识到如果他想帮助他的母亲，就必须中断《哥白尼天文学概要》的印刷。他的老朋友、蒂宾根法学教授克里斯托夫·贝塞尔德曾于 1619 年 6 月警告过开普勒，对方有意将针对他母亲的民事案件转为刑事案件[238]。他劝告开普勒前往符腾堡为母亲辩护。

亲自来吧，我的约翰内斯，用你全部的精神力量来拯救你不幸的母亲，使她免于折磨，免于可能的悲剧，甚至是葬身火海的命运。我的力量已经在威灵格夫人（Frau Wellinger）案中被耗尽了[①]。此外，我现在在这个国家并不受欢迎。他们对我与耶稣会一些教父的交往嗤之以鼻，并对我新教信仰的纯洁性产生了强烈的怀疑。事实上，我尊敬的老朋友，我宁可成为母教堂[②]的一员，

---

① 在贝塞尔德的努力下，可敬的威灵格夫人被无罪释放了。——原文注
② "母教堂"是一个术语，描述了基督教会在其滋养和保护信徒的职能中扮演母亲的角色。它也可以指基督教宗派或教区的主要教堂，即大教堂。

按照其古老的习俗，凭借年龄的优势而受人尊敬，也不愿站在这些争吵不休、斤斤计较的新教徒中间，就像狗为了一块骨头互相撕咬，为了路德教派翻译的《圣经》中的一个字母而互相吠叫。这就是人们所大肆鼓吹的基督教的净化、宗教的改良吗？哦，我的朋友，我的兄弟，我的心中并不安宁，我从小接受的信仰在我看来是一种卑鄙陈腐的形式，但你的爱，你的善良，你的卓越，不会、也不能欺骗我！到我这里来吧，快点，快点，你不幸的母亲也需要你，但肯定不会比你受苦受难的朋友贝塞尔德更需要你。[239]

开普勒首先写信给符腾堡的约翰·弗里德里希公爵，请求他暂停诉讼程序，直到因战乱而无法出行的他能够来到符腾堡。[240] 但这一请求没有得到批准。1620年9月4日，斯图加特方面批准对卡塔琳娜·开普勒提起巫术诉讼。与此同时，莱因博尔德一方要求对乌尔苏拉·莱因博尔德的疾病进行赔偿的民事诉讼也在继续进行。

克里斯托夫·开普勒是多年前卡塔琳娜·开普勒和乌尔苏拉·莱因博尔德之间争端的起因。应其请求，对卡塔琳娜·开普勒的诉讼转移至居格林根进行。克里斯托夫·开普勒害怕受到同胞的鄙视和嘲笑。开普勒的兄弟姐妹们则担心自己的名誉受损，也担心审判费用会从他们的财产中扣除，但约翰内斯·开普勒还是坚持以书面形式进行诉讼；这样做花费的时间更长，但至少保证了审判在一定程度上能算是合理公正。[241]

在开普勒前往符腾堡前不久，亨利·沃顿（Henry Wotton）给他送来了詹姆斯一世的邀请函，邀请他前往英格兰，以此作为对开普勒的《世界的和谐》一书献词的回应。开普勒与留在雷根斯堡的家人以及他的助手让·格林加莱（Jean Gringallet/Janus Gringalletus）一起于9月下旬出发。格林加莱需要在路上买纸，然后把开普勒的一幅肖像油画带给斯特拉斯堡的伯内格。开普勒很谨慎，他并没有告知格林加莱此行的目的。他从因戈尔施塔特写信给伯内格 ① 说："我正在考虑如何开始写您要求我写的自传。它应该包含值得人们了解的内容，让我得到赞许的内容，以及值得我的朋友们高兴的内容。同时，我把我的这幅画像也寄给您。"[242] 然而，这个项目没了后文。

1620年9月28日，开普勒抵达了居格林根。[243] 开

---

① 正是伯内格向开普勒推荐了格林加莱担任助手。——原文注

普勒多次要求加快诉讼程序，并为他的母亲提供舒适廉价的监禁条件。10月，他写信给符腾堡公爵约翰·弗里德里希：

　　尊敬的高级律师、居格林根法官已经请求并获准将审判推迟至下一个开庭日。然而，这名可怜的囚犯因为身陷囹圄，孤独无助而深感痛苦。她向上帝祈求祷告，请求能获准被单独安置在一个房间内。因此，我谦卑地请求贵族阁下，考虑到她并没有犯下任何罪行，已经年过73岁高龄，身体虚弱，而且因为受到威胁将遭到严刑拷问，她感到非常害怕和不安，我恳请您，谦卑地请求居格林根的法官宽宏大量，将她暂时转移到法警长和法院助手的房子里，因为在居格林根找不到合适的地方。而且出于她的性别和年龄的原因，对她的看守无须耗费过多，您也将因此成就一项值得赞扬的慈善事业。[244]

　　此外，开普勒还一再要求得到有关对母亲的宗教裁决、逮捕和惩罚行动的副本，但都徒劳无功。卡塔琳娜·开普勒先是被关在一间没有暖气的房间里，后来又被锁在城门口一间有暖气的房间里，有两名"看守人"。行政机关拒绝了取消第二名看守的要求。在开普勒的一再恳求下，斯图加特当局才采取了一种有效的手段，命令居格林根镇支付一部分拘留费用，这一措施很快取得了成功。

与此同时，帝国军队在1620年11月8日的白山战役中镇压了波希米亚起义，从而正式引发了一场大战。这场胜利标志着开普勒最后一位雇主事业腾飞的开始：他就是华德斯坦家族的阿尔布雷希特（Albrecht von Waldstein），人称"华伦斯坦"（Wallenstein）①。开普勒在1620年的预言书中这样描述战争：

> 大自然的这一进程根本不是为了发动战争，
>
> 而是人类自己发动的，
>
> 没有上天的强迫。
>
> 但是，当战争已经发生，
>
> 或者当人们的头脑中已经有了原因，
>
> 那么他们就会滥用这些被隐藏起来的极致享受和他们天性中的冲动，
>
> 来达到他们的邪恶目的。

---

① 虽然华德斯坦家族的阿尔布雷希特所姓为"华德斯坦"，但由于该家族属于"华伦斯坦"家族，加上当时对他的通称是"华伦斯坦"，因而他多被称为"华伦斯坦家族的阿尔布雷希特"或"华伦斯坦"。

就像健康的日光、舒适的夏日那样，

火焰、铁器、火药、酒杯等

必然被人滥用，

因为生命会受制于虚无和灭亡的奴役。[245]

华伦斯坦家族的阿尔布雷希特，铜版画，P. 伊塞尔堡
（P. Isselburg）绘制，1625 年

在处理审判之余，开普勒一直关注着他的《哥白尼
天文学概要》第 5 至第 7 卷剩余部分的印刷工作。他与
多家出版商的谈判一拖再拖，直到 1621 年才与法兰克

福出版商戈特弗里德·坦帕赫达成一致，坦帕赫也想购买开普勒注释的新版《宇宙的奥秘》。1620年年底，开普勒前往蒂宾根，在那里他修订了《哥白尼天文学概要》第6卷，并与米夏埃尔·马斯特林讨论了月球理论问题。

1月，开普勒启程前往雷根斯堡，与家人一起度过了1621年的头几个月。1621年1月22日，他的妻子生下了女儿科尔杜拉（Cordula）。她是开普勒第二段婚姻的第四个孩子，也是开普勒的第九个孩子。然而，在她的哥哥姐姐中，只有哥哥塞巴尔德（生于1619年）和开普勒在第一段婚姻内所生的姐姐苏珊娜（生于1602年）和哥哥路德维希（生于1607年）还在世。儒略历1621年2月5日或格里历15日，开普勒写信给伯内格：

我回到了雷根斯堡，我的家人陪伴着我，我也在那里看到了你的来信。您对我的款待真的是非常友好和热情。但残酷的命运不允许我停下。我的家人没有生命危险，真相之光也将驱散我们良好声誉上的阴云。不过，我已身无分文，但审判还是无法结束。[246]

开普勒在雷根斯堡也依旧很忙碌，他忙于修订《哥白尼天文学概要》第6卷并通过观测来确定秋分日期。[247]

由于战乱，开普勒离开了林茨，未能出版 1621 年的星历表，于是他决定，至少出版一些杰出的星象组合的资料。这本选集于 1621 年 4 月在乌尔姆出版，献给符腾堡公爵约翰·弗里德里希。开普勒在他的《关于过去的 1620 年中出现的两次巨大而奇特的月食的天文报告》（*Astronomischen Bericht von zweyen im abgelauffenen 1620. Jahr gesehenen großen und seltzamen Mondsfinsternussen*）中描述了他对 1620 年月食的观察，同时提到了即将到来的 1621 年 5 月 21 日的日食。

约翰内斯·开普勒（版画，雅各布·范·德·海登绘制，1620 年）
肖像画下为托马斯·兰修斯的诗歌（翻译内容见下文）

5月初，开普勒回到蒂宾根，与马斯特林讨论《哥白尼天文学概要》第6卷有关月球章节的修改意见。开普勒很高兴能与老师进行交流，对于这样的机会他期盼已久。与此同时，马蒂亚斯·伯内格根据开普勒在斯特拉斯堡寄给他的画像，在斯特拉斯堡制作了一幅版画。艺术家雅各布·范·德·海登（Jakob van der Heyden）受托对开普勒的肖像进行了"改良"，朋友们一致认为，它与开普勒几乎没有相似之处。[248] 托马斯·兰修斯（Thomas Lansius）在下面的讽刺诗中总结了这一印象：

图上有开普勒的名字，但形象却完全是错的。
但告诉我，艺术家为什么会犯错？
罪魁祸首是地球的运动，按照开普勒的规律，
艺术之手也推动着地球的自转！
如果地球不运转，永远保持静止，
开普勒的形象便不会如此扭曲！[249]

5月底，开普勒回到了斯图加特。在给约翰·弗里德里希公爵的信中，他要求宫廷秘书希尔尼莫斯·加贝尔科弗（Hieronymus Gabelkofer）加快处理他母亲的律

师于 5 月 7 日就已经提交的辩护词。现在诉讼已经进入第十个月，但开普勒只是一再收到将尽快处理的敷衍搪塞之词。1621 年 6 月 10 日，开普勒更加迫切地提出同样的请求，最终被告知："宫廷秘书希尔尼莫斯·加贝尔科弗希望在 14 天内推动案件的审理，以便在那时得出最终决定，同时请继续允许宫廷法庭不受干扰地进行工作……斯图加特，1621 年 6 月 11 日。"[250] 这些人已经厌倦了开普勒的不断请愿。

开普勒的母亲几近绝望，只是一如既往地希望能结束自己的监禁生活。应居格林根法官的要求，宫廷秘书加贝尔科弗出席了审理过程，因为法官觉得自己无法在法庭辩论中胜过卡塔琳娜·开普勒的法律专业律师，所以他不得不在回复抗辩书时撤销了一些经不起推敲的指控。剩下的就是卡塔琳娜·开普勒企图行贿的罪状，原告归咎于卡塔琳娜·开普勒的疾病症状，以及她被指控对动物造成不良影响。[251] 1621 年 7 月 11 日，检方提交了扣押令状和忏悔书。[252] 8 月 20 日，在居格林根举行了听证会。会议记录指出："遗憾的是，原告是在其子，数学家约翰内斯·开普勒先生的陪同下出庭的。"[253]

早在 1621 年 8 月 22 日，辩方就提交了结论，该结论与其他档案一起被移交给蒂宾根大学法律系审查。1621 年 9 月 10 日，根据当时的法律惯例，蒂宾根大学决定执行被称为 "Territio" 的刑罚，即由刽子手在刑讯室里对她进行严厉的（但不是肉体上的）酷刑威胁。[254] 1621 年 9 月 28 日早晨，对卡塔琳娜·开普勒的 "Territio" 刑罚才宣告解除。在这种可怕的情况下，她仍然坚称自己并没有引发他人的疾病。人们据此认为，她不可能认罪，这样的结果也是大家所希望的。[255] 因此，她已经 "清洗" 了对她的指控，公爵于 1621 年 10 月 3 日宣布她无罪释放。然而，法官在宣布判决时又是慢条斯理，直到受到威胁，如果他不立即宣判，就必须自掏腰包支付从 10 月 7 日开始的所有拘留费用，这才立即释放了卡塔琳娜·开普勒。[256] 莱昂贝格的法官随后向斯图加特提出交涉，要求禁止卡塔琳娜·开普勒返回莱昂贝格，因为人们不知道她会在那里造成什么损害，也不知道她的返回会引发什么骚动。克里斯托夫·开普勒、玻璃工雅各布·莱因博尔德和莱昂贝格镇被要求支付诉讼费，分别是 30 古尔登、10 古尔登和 40 古尔登。[257] 民事诉讼仍然悬而未决，将被移交到蒂宾根或者坎斯塔特去处理。然而，在此之前，卡塔琳娜·开普勒于 1622 年 4 月 13 日去世。

时间拉回到 1621 年夏天。当年 6 月，开普勒在案件审理间隙前往美因河畔法兰克福，监督《哥白尼天文学概要》第 5 至第 7 卷的印刷工作。第 5 卷论述了偏心圆及行星理论，第 6 卷论述了视平面运动及其对行星、月球、月食和日食的影响。最后，第 7 卷对传统行星理论和哥白尼行星理论，在这里也可以说是开普勒行星理论进行了比较。

为迎接 1621 年的书展，坦帕赫还出版了由开普勒作注的新版《宇宙的奥秘》。开普勒出于对其首部著作的喜爱和对历史的尊重，选择了作注释的方式：如果他想把自己这些年来增长的大量知识都纳入其中的话，那么修订版就大费周章了。弗朗茨·汉默是《约翰内斯·开普勒天文学著作全集》（以下简称《开普勒全集》）第二版《宇宙的奥秘》的编辑。他认为，开普勒是在美因河畔法兰克福的很短一段时间内为新版撰写注释的，可能是在儒略历 1621 年 6 月 13 日到 20 日之间或在格里历 23 日到 30 日之间的一周，即序言的日期。[258]然而，开普勒早在 1619 年 3 月就写信给彼得·克鲁格（Peter Crüger），称他已将《宇宙的奥秘》及其附录寄往法兰克福，这一推测与事实相矛盾。[259]事实上，一直到他在《世界的和谐》中找到自己从前那些问题的答案之后，开普勒才对《宇宙的奥秘》一书的新版加以认真考虑。

开普勒对自己在第一部作品中的许多幼稚错误做了自我批评，其坦诚率真至今仍难有匹敌。从"我的天呐！这完全搞错了！"再到"在我写下'在所有的这些事物中'时，我一定是睡着了"，还有"这句脱口而出的话实在太滑稽了"这样的点评。[260] 开普勒对待自己的错误抱着既放松又具有创造性的心态。即使他做了根本性的改动，例如用物理中"力"的概念取代了"太阳的运动精神"（anima motrix），他也会写道：

> 我很高兴去看看我最初的那些发现，即使它们曾误入歧途。[261]

在出版商戈特弗里德·坦帕赫的敦促下，开普勒还在法兰克福撰写了《为世界的和谐一书辩护》（*Pro suo opere harmonice mundi apologia*），以回应英格兰炼金术士罗伯特·弗拉德的攻击。这本著作与新版《宇宙的奥秘》一起发行。1621 年 7 月，开普勒从法兰克福前往布茨巴赫拜访了黑森伯爵腓力二世（Landgraf Philipp II von Hessen）。腓力二世对天文学非常感兴趣，他拥有质量极好的天文仪器，并用这些仪器进行天文观测。

至迟 8 月，开普勒回到符腾堡参加对其母亲的最后一轮审判。在她 10 月份最终获得无罪释放后，开普勒让符腾堡宫廷签发了一份确认书，称由于为其母亲的"辩护相当困难"，他不得不将在符腾堡的逗留时间延长至 1621 年 10 月 4 日。[262] 接下来开普勒继续前往林茨，他把家眷留在了途经的雷根斯堡。

与此同时，奥地利发生了一场阴谋，其目的是将第谷的观测资料划归耶稣会所有。耶稣会教士、数学家和天文学家克里斯托夫·谢纳（Christoph Scheiner）是这场阴谋的推动者，蒂罗尔的利奥波德大公则是其死心塌地的代言人。谢纳之所以这么做，可能是因为第谷的女婿弗朗茨·滕纳格尔公开宣布了开普勒前往符腾堡的行程，并表达了对第谷遗产的担忧，从而让人怀疑开普勒非法将第谷的观测数据"拐带"到了符腾堡。皇帝也参与进来，写信给符腾堡公爵，要求开普勒交出第谷的观测资料。随后不久，谢纳告知滕纳格尔，皇帝并不反对将第谷的观测资料捐赠给耶稣会。[263] 然而，这与滕纳格尔的想法背道而驰，他言简意赅地告诉谢纳，他无意将这些观测数据拱手让人。他向皇帝提到了开普勒与第谷继承人之间的协议。开普勒怀疑是滕纳格尔亲自策划了整件事，[264] 这种怀疑也许不无道理。1621 年 12 月 20 日，他找到滕纳格尔并告诉他，他已将第谷的观测资料存放在林茨庄园的一个特殊的箱子中，并在返回林茨后将其重新取回，不存在违反协议的情况。[265] 于是，谢纳无法再做些什么，此事也就不了了之。

在林茨也是谣言四起，沸沸扬扬。1622 年 7 月 15 日，开普勒写信给萨克森选帝侯在德累斯顿的秘书约翰·苏修斯（Johann Seussius）说："在我远离雷根斯堡的家人、离开符腾堡的一年里，我可怜的名声受到了怎样的玷污，真是令人难以置信。我请求您，亲爱的朋友，把传到您耳朵里的事情给我逐条列出，以便我能得知可能留下的污点。"[266] 对于闲言碎语所带来的严重后果，此时的开普勒实在是太了解了。有人公开传言，称开普勒因过于狂热的倾向招惹了皇帝的怒火。开普勒逃走后，皇帝悬赏要他的人头。[267] 开普勒带有歉意地补充说，毕竟他几乎没有向林茨的任何人透露过他离开的真正原因。在所有这些流言蜚语之后，斐迪南二世仍然确认了约翰内斯·开普勒作为帝国数学家的职务,这让有些人大感惊讶。

开普勒是在回到林茨后才知道自己的职务被确认的。在那里,他还沉浸在女巫审判的记忆中,并开始评注他的《月之梦》。开普勒希望破除对他母亲(作品关联形象"菲奥克斯希尔德")的怀疑,揭开所谓她使用魔法一事的神秘面纱。为此,他披露了自己灵感的所有来源。开普勒希望通过这种方式,至少在事后能弥补他此前无意间助长的关于母亲的流言蜚语。[268]《月之梦》的有关工作还要持续很多年。他曾想翻译普鲁塔克(Plutarch)的《论月球的面貌》(*De facie in orbe Lunae*),1623 年在月球上发现了他认为是城市的圆形城墙后,他又萌生了把整个月球描写成一个乌托邦的想法。

坎帕内拉(Campanella)写了一个"太阳国"的故事,那如果我写一个"月亮国"呢?如果能用生动的色彩描绘我们这个时代的风尚,同时为了谨慎起见而离开地球,前往月球,岂不妙哉?但这样的逃离又有什么好处呢?即使是《乌托邦》中的托马斯·莫罗斯(Thomas Morus)和《愚人颂》的作者鹿特丹的伊拉斯谟（Erasmus von Rotterdam）也并不安全，他们都不得不为自己辩护。因此，让我们撇开政治的不幸，留在哲学这块的可爱沃土上吧。[269]

1621 年与 1622 年之交的冬天，开普勒完成了前文提到的《千对数表》，该书是对纳皮尔的《对数》的修订，也是《鲁道夫星表》的前作。后来，开普勒又编写了《千对数补充》，但这部著作直到 1624 年才问世。开普勒现在的主要工作是完成《鲁道夫星表》，自 1601 年第谷去世后，他一直忙于这项工作，所需的大量计算工作让人难以想象。开普勒必须根据第谷的观测数据计算出精确的行星距离。虽然开普勒偶尔会得到助手的帮助，但工作的主要重担无疑还是落在了他的身上。早在 1619 年 2 月，他就在写给文森佐·比安奇（Vincenzo Bianchi）的信中抱怨道：

我恳求你们，我的朋友们，不要让我完全沉浸在数学计算的泥潭中，让我有时间进行哲学思考，这是我唯一的乐趣。有些人因为《鲁道夫星表》的延迟而对我感到愤怒，我在《世界的和谐》第 5 卷的序言中对此并没有隐瞒；……但星表本身就是延迟的部分原因。我不想谈论困难。必须用对数对已经完成的计算表格进行彻底修改，以便在我之后的其他人可以基于我的基础，在新表格中使用这种更方便的方法。[270]

开普勒的朋友威廉·希卡德此时已是蒂宾根的希伯来语和东方学教授，当时他正在建造第一台计算器，但这对开普勒来说为时已晚。

与此同时，教派间的拉锯战仍在继续。讽刺的是，恰恰是曾经将开普勒排除在圣餐礼之外的希茨勒牧师，于1621年夏天因涉嫌持有对加尔文派的狂热信仰被逮捕，并在不久后被停职。[271] 这标志着反宗教改革运动在林茨迈出了第一步，如今在上奥地利也开始占据一席之地。

那是一个糟糕的时代。开普勒在几乎所有的信件里都提到了通货膨胀和物资短缺。战争、反宗教改革、教派之争，这些就是开普勒创作《鲁道夫星表》的时代背景。在格拉茨，开普勒就已经熟悉了反宗教改革的种种举措：取缔新教学校、禁止信奉新教、驱逐传教士，然后是驱逐所有新教徒。之后他在林茨，最后在萨根又一再经历了这些。然而，作为一名宫廷官员，开普勒享有特殊的地位，正如他自己所说，他几乎是林茨唯一一个可以相对不受干扰地从事工作的新教徒。[272] 与此同时，其他新教徒逐渐陷入困境，除非他们愿意改宗成为天主教徒。在宗教斗争愈演愈烈的这种情况下，开普勒决定将他写于1618 年的《信仰告白及拒绝所有因此而产生的不幸谣言》付梓印刷。该书于 1623 年在斯特拉斯堡匿名出版。

1623 年年初，开普勒又有了一个儿子，名叫弗里德玛（Friedmar），出生于 1 月 24 日。他还在林茨出版了《有关 1623 年 7 月土星和木星在狮子座大合相的探讨》（*Discurs von der großen Conjunction oder Zusammenkunft Saturni und Jovis im Fewrigen Zaichen deß Löwen, so da geschicht im Monat Julio deß 1623. Jahrs*），其中还附有1623 年的预言。这部作品于同年在纽伦堡再版。但开普勒撰写的 1624 年的日历和预言就没那么幸运了：1623 年12 月，他交给施蒂利亚议会的手稿被愤怒的格拉茨市民当众烧毁。他们这么做的理由非常荒唐：开普勒竟敢在扉页上把施蒂利亚放在他所居住的上奥地利之后才提及。为了补偿开普勒遭受的损失，格拉茨议会向他赠送了 300古尔登，作为其《宇宙的奥秘》第二版的献礼。[273]

开普勒在 1623 年的主要工作是制作《鲁道夫星

表》。开普勒的第四个儿子塞巴尔德死于 1623 年 6 月 15 日，他的死让开普勒这一年都笼罩在阴郁的气氛中。通过《鲁道夫星表》，开普勒不仅出版了基于第谷观测数据的最新行星表这一当时独一无二的精确数据，还首次出版了完全基于"日心说"行星模型的行星表。在此之前，13 世纪时由卡斯蒂利亚国王阿方索十世（Alfons X）委托制作的"阿方索星表"以及伊拉斯谟·莱因霍尔德（Erasmus Reinhold）在 1551 年基于哥白尼观测数据制作的"普鲁特星表"都曾广泛使用，但都无法提供准确的预测。这给航海家和天文学家及占星家都带来了烦恼。因此，学术界早就迫不及待地等待着《鲁道夫星表》的出现。

1624 年 3 月 28 日，开普勒写信给保罗·古尔丁（Paul Guldin），说《鲁道夫星表》已准备付印。儒略历 5 月 10 日或格里历 20 日，开普勒写信给伯内格：

> 《鲁道夫星表》是我从父亲般的第谷那里得到的，我孕育它 22 年了，就像果实在母体中结成一样。现在，我正被分娩的痛苦折磨着。相信我，我说的是真话。[274]

他征求伯内格的意见，自己应该把《鲁道夫星表》

的印刷地点放在何处。印刷时需要他经常在场,因此在奥地利印刷最为方便。如果他在其他地方印刷《鲁道夫星表》,那就只有两种选择,要么他与家人分离,要么他的家人离开林茨。他最终只能"两害相权取其轻"(vastatus an vastandus)[275]。

现在,开普勒终于完成了《鲁道夫星表》的工作,但他还有两项令人不快的任务要完成:联系第谷的继承人,以及在维也纳筹集印刷《鲁道夫星表》所需的资金。

还有一件事也随之而来:开普勒在维也纳宫廷的耶稣会赞助人保罗·古尔丁的怂恿下,写了一篇对西庇阿·基亚拉蒙蒂(Scipio Chiaramonti)《反第谷》的答复。基亚拉蒙蒂的《反第谷》反驳了罗马耶稣会学院发表的《关于1618年三颗彗星》。《反第谷》在1621年就已经出版,但直到那时还未得到回应。[276] 开普勒写下《捍卫丹麦人第谷·布拉赫免受西庇阿·基亚拉蒙蒂攻击的辩护书》(*Tychonis Brahei Dani hyperaspistes adversus Scipionis Claramontii Anti-Tychonem*),最后一次参与了有关彗星的争论。这篇辩护书不是开普勒的光辉之作,在回应基亚拉蒙蒂的著作时,开普勒错认为他是一个充满野心且追名逐利的年轻科学家，因此他在回应中表现得过于傲慢和尖酸。直到 1625 年他的辩护书在法兰克福出版后，开普勒才得知基亚拉蒙蒂并非年轻的热血青年，而是一位年迈的参议员和哲学教授，这让他感到非常尴尬。[277]

1624 年 10 月 2 日，开普勒请求上奥地利议会批准他前往维也纳[278]，商谈为印刷《鲁道夫星表》出资的事宜。很快，1624 年 10 月 4 日，斐迪南二世颁布法令，取缔所有非天主教传教士和学校。[279] 我们不知道，开普勒在离开前往维也纳之前是否得知了情况的恶化程度。

开普勒本计划在维也纳逗留到 1625 年 1 月初，但在此之前他就告诉了伯内格他就《鲁道夫星表》的印刷可能达成的协议。协议包含两个选择："皇帝要么慷慨地提供财政支持，要么将我在鲁道夫那里的欠款如数支付。皇帝对后一个建议表示同意，我也更喜欢后者。因此，这样一来，部分费用由梅明根市和肯普滕市支付。"[280] 另一部分高达 4000 古尔登的费用则将由纽伦堡市提供。开普勒收到前往奥格斯堡的帝国铜币局所需的指示后，便前往了林茨。开普勒早已习惯于经济上的窘境，出于谨慎，他咨询了纽伦堡驻帝国宫廷的特使，询问他们对他的要求持何态度。然而，他一开始得到的回应是拒绝。直到开普勒确保皇家宫廷将会提供进一步的支持，他才于1625年4月15日从林茨出发前往奥格斯堡，而在此之前不久的4月6日，开普勒的妻子生下另一个儿子希尔德伯特（Hildebert）。

到了奥格斯堡后，开普勒才发现他的支付指示并不完整。文件必须送回维也纳，他也必须等待几周。他向古尔丁写道：

在此期间，我踏上了前往肯普滕和梅明根的旅程。在出示皇帝的命令后，我发现这些城市已准备好支付款项。预期有资金支持，我便开始与纸厂商进行谈判，寻找纸张。然而，只要奥格斯堡的命令还没有下达，有关钱的生意就没法做。为了充分利用余下的时间并避免不必要的费用，我前往疗养，治疗我在维也纳感染的令人困扰的皮肤疹。我去了住在格平根附近的姐姐那里，在那里可以使用碳酸矿泉水温泉来做疗愈。……当我发现不可能很快就在奥格斯堡得到维也纳方面的答复时，我中断了治疗，来到乌尔姆附近的埃尔巴赫，去找帝国副首相，即乌尔姆先生（Herrn von Ulm）。我向他诉说了我的不幸，并说服他写信给宫廷长官们，希望通过他的调解停止持续的拖延。[281]

开普勒随后前往蒂宾根，并于 1625 年 6 月 30 日写信给伯内格：

这段时间里，我在马斯特林的书房里召集了两千年来所有杰出的数学家和未来的数学家们，邀请他们出席，与他们达成一致。这比召集同时代的数学家更容易做到。[282]

1625 年 7 月 24 日，开普勒终于在乌尔姆收到了必要的文件。他从乌尔姆出发前往肯普滕和梅明根，但他没有收到兑现的应付给他的款项，于是自掏腰包购买了用于印刷《鲁道夫星表》的纸张。8 月初，开普勒动身前往纽伦堡，在那里等待他的是痛苦的失望。虽然他的文件已经准备就绪，而且帝国也下令无条件支付他的款项，但皇帝的总参谋长"弗里德兰公爵"（Herzog von Friedland），即前文提到的"华伦斯坦家族的阿尔布雷希特"（下文简称"华伦斯坦"）刚刚彻底洗劫了这座城市：此人从纽伦堡人那里拿走了不下 10 万古尔登，这意味着，除了《鲁道夫星表》，开普勒还是一无所有。以下文字大概就是写于这些突发事件以后：

> 我的命运真是跌宕起伏。总是节外生枝，而这完全不是我的过错。[283]

华伦斯坦通过中间人请求那时尚在维也纳的开普勒重新修订他的星座图（开普勒在 1608 年已经为他绘制过星座图）。[284] 开普勒满足了这一请求，但令人遗憾的是，他没有收到任何钱款。尽管保密工作做得很好，但开普勒还是知道了客户的身份。客户再次通过中间人告诉开普勒，他想要更详细的说明和进一步的预测，[285] 对于这一无理要求，开普勒在 1625 年 11 月的一封信中措辞强烈地回应，表示自己无法提供更详细的信息或对未来的预测，他的工作也还没有拿到一分钱，反而因为华伦斯坦在纽伦堡收走了原本用于《鲁道夫星表》的印刷费而使自己蒙受了损失。如果华伦斯坦愿意为弥补损失做点什么，倒是可以代表他向皇帝请求得到一年的休假。[286]

开普勒为华伦斯坦作的星座图

开普勒一无所获,只能离开纽伦堡,踏上归途。不过,他把买来的纸张留在了乌尔姆,并没有准备把它寄回林茨,这可能表明,开普勒还是隐隐期望能够在乌尔姆印刷《鲁道夫星表》。与此同时,林茨的情势也恶化了:春天,林茨书商所有的非天主教书籍都被没收了。[287] 开普勒返回后不到两个月,新一轮的打击到来。1625 年10 月 20 日,皇帝斐迪南二世颁布所谓"宗教管制特许状",规定取缔所有的新教教堂和教育活动,要求所有不愿皈依天主教信仰的人在 1626 年复活节之前离开国境。开普勒和他的同事们则不受此令约束。不过压力也随之增大。在宗教管制特许状颁布后不久，人们开始封存议会大厦中的书籍，而开普勒不久前刚搬到那里。1626 年 1 月 1 日，此事波及他。1626 年 2 月 7 日，他给保罗·古尔丁写信说，他的藏书被封了，只留下几本他工作需要的书。拿回书条件是"我需要自己选择上交的书本，这就像让狗妈妈放弃自己的一只小狗。奴隶制度死灰复燃，真让人心痛！因此，我宁愿让他们自己去选书带走，自己只是充当个旁观者。我拥有的书不多，每一本都对我的研究有着宝贵的贡献，因为我在书上做了各种记号，写了一些注释"。[288] 古尔丁听懂了开普勒的隐晦请求，做了一些工作，确保开普勒至少能在晚上接触到他自己的书。

1625 年 10 月的宗教管制特许状让上奥地利农村居民的怨恨达到了顶点：多年来，他们一直饱受巴伐利亚选帝侯不断增收的苛捐杂税之苦，而今的宗教管制终于引发了起义。起义最初取得了巨大成功。由于农民起义，林茨的居民首先不得不忍受驻军的困扰，1626 年夏天，他们还被围困了两个月。1626 年 5 月 1 日，开普勒在给彼得·克鲁格的信中说，宗教改革委员会的严厉行动搞得林茨天翻地覆。

　　既然我现在回来了，我就尽我所能让《鲁道夫星表》得以出版。在我收到三分之一的费用并将它们存在肯普滕后，我现在用我自己的钱财和我在这个国家的收入来支付费用。但我现在要做的事情相当困难。……我想用自己的排版方式印刷数值表，4 年前我就是这样印刷星历表的。但我一直担忧我的印刷商，虽然他已获准因我的工作而居留在林茨，但他还要忍受士兵们的骚扰。由于他有一所房子，他还必须承担公民税。[289]

　　1626 年 6 月 24 日至 8 月 29 日，林茨被起义军围困，形势变得十分严峻。根据开普勒自己的说法，他至少不用饿肚子，他在危险解除后向古尔丁描述了当时的情况：

　　你问我在漫长的围困中做了什么。首先要问我在士兵中间能做什么。一年前，托议员的福，我搬进了议会大楼。然而，时局的恶劣几乎让我相信这是邪灵在作崇。其他大楼接纳的士兵很少。我们的房子则位于城墙旁。在整个过程中，所有士兵都散布在防御工事上。整个旗队都驻扎在我们的房子里。在此期间，枪声刺耳，臭气熏天，火光刺眼。我们不得不为士兵们打开所有的门，他们来回走动，打扰了我们晚上的睡眠和白天的研究。……在这种恶劣的条件下，我开始针对尤利乌斯·凯撒·斯卡利格进行评述，正如我们的驻军对农民所做的那样，我写了一篇庞大的论文，内容涉及历法。[290]

在围攻过程中，约翰内斯·普朗克位于林茨郊区的房子和印刷厂被烧毁。因此，即使手稿和排版得以保存，也无法继续在林茨印刷星表了。围困刚一解除，开普勒就向维也纳宫廷递交了一份请愿书，请求允许他前往乌尔姆，在那里去印刷《鲁道夫星表》。这一请求于10月8日获得批准。11月4日，开普勒要求议会支付拖欠他的薪水，[291] 之后他于1626年11月20日"带着妻子、孩子、书籍和所有家当"[292] 离开了林茨，但仍保留了恩斯河上奥地利议会数学家的职务。

第 6 章

乌尔姆与萨根：战争流亡以及反宗教改革

开普勒于 1626 年 12 月 10 日抵达乌尔姆，并在城市医生格雷戈尔·霍斯特（Gregor Horst）那里住了下来，他给伯内格写信说：

我把妻子和三个孩子（即科尔杜拉、弗里德玛和希尔德伯特。路德维希当时在蒂宾根上大学，苏珊娜去布茨巴赫找开普勒的一个熟人，后来又去了巴登－杜拉赫为侯爵夫人工作）留在了雷根斯堡的冰天雪地里。我自己则带着数值表和制表工作资料，坐上一辆马车前往乌尔姆。现在，书本已经由我自费开始印刷，但价格是我在林茨预期的两倍。愿上帝保佑，让我不至于在这项工作中垮掉。[293]

他的朋友，乌尔姆当地学校校长约翰·巴普提斯特·赫本斯特雷特向他施以援手，他所居住的格雷戈尔·霍斯特医生的房子离印刷厂不远。尽管有这些有利条件，他还是很快就与印刷商约纳斯·绍尔（Jonas Saur）产生了分歧。在开普勒的印象中，债务缠身的绍尔想要在他身上捞回所有损失。在写给蒂宾根的希卡德的信中，开普勒抱怨自己被绍尔这么一个"苛刻、傲慢、浪费成性、毛毛躁躁的人给耽误了"。[294]

在排版和印刷过程中很可能也出现了关系紧张的局面。由于原始材料的复杂性以及排版和印刷的精确性要求，开普勒必须始终亲自在场。由于担心分歧可能升级为法律纠纷并导致印刷工作中断，他考虑将这些表格的印刷委托给蒂宾根的印刷商韦尔林（Werlin）继续推进。这些忧虑让开普勒感到沮丧，他想向他在蒂宾根的朋友威廉·希卡德寻求建议。1627 年 1 月底，他徒步前往蒂宾根，因为长溃疡，他无法骑马或乘马车。"但我的计划是徒劳的。我还没走到布劳博伊伦，就意识到自己必须折回；我已经掂量了路途和我的体力，而且还有遭遇融雪的危险。"[295] 因此，开普勒只能以书信的方式询问《鲁道夫星表》在蒂宾根的印刷情况。

尽管存在种种顾虑，但与绍尔的纠纷最终还是得到了解决，印刷工作在乌尔姆继续进行。如果开普勒想在秋天的法兰克福书展上展示其作品，印刷工作就必须尽快进行。在给希卡德的一封信中，开普勒报告说每周的工作量为 4 张，相当于 8 面。[296] 首先印刷的是数值表，以便在排在前面的"应用说明"中插入相应的引用页码。由于表格并不总是完全适应印刷页面的格式，因此需要不断进行手工干预：有时需要缩减一些内容，有时需要添加或重新排列一些内容，以充分利用页面空间。

开普勒还在乌尔姆向他在斯特拉斯堡的朋友伯内格寻求建议，自己在《鲁道夫星表》出版后又该做点什么呢？"《鲁道夫星表》出版后，我希望能够在有一定听众的地方教授它们。如果在德意志有可能，那就在德意志；如果不行，那就在意大利、法兰西、比利时或英格兰，只要我作为外国人可以得到相应的薪水就行。"[297] 他考虑过休假，教授《鲁道夫星表》，必要时也可以讲授占星术，但这只是开普勒设想的退路之一。[298] 他还不打算考虑结束自己在宫廷的任职。

当开普勒还在乌尔姆忙于印刷《鲁道夫星表》时，他为乌尔姆政府设计了所谓的"乌尔姆炉"，这是一个用于测定度量的容器，结合了重量、容量和长度单位。

与此同时，与第谷继承人们在《鲁道夫星表》的标题和献词问题上的争端仍在继续。卷首页的设计也引发了争论。除此之外，继承人们还抱怨对其中的寓言画缺乏相应的说明解释。开普勒于是请他的朋友、乌尔姆文理学校校长约翰·巴普提斯特·赫本斯特雷特以六步诗的形式创作了一首名为"Idyllion"①的开篇诗。卷首页寓言画中是一个造型别致的建筑，其中的十二柱（实际只有十根可见）代表着黄道十二宫位。正如开普勒在页边标注所写[299]，这些柱子象征着无名和有名的天文学家的天文观察成果，从最远处背景中的粗糙树干下有一位用拇指对着星星、利用视差进行测距的弗里吉亚人代表着天文学史前史；旁边两侧立着方石柱；砖柱下则是阿拉托斯（Aratus）、喜帕恰斯、托勒密和默冬（Meton）；多立克式和科林斯式整体凿柱下则分别是了哥白尼和第谷，其旁则摆着雷吉奥蒙塔努斯和瓦尔特的成就。这些支柱

---

① 该词意指一种经过精心雕琢、富有描述性、通常以田园为主题的诗。

反映了天文观测和天文学学科的进步。在代表喜帕恰斯、托勒密、哥白尼和第谷的十根柱子前，分别挂着相应的观测仪器。第谷·布拉赫指着神庙的天花板，上面画着他的"地日心行星模型"，并向哥白尼提问：

"如果是这样呢？"（Quid si sic?）

《鲁道夫星表》卷首页插图

每个部分都有其特定的含义：底座部分画上了开普勒本人，他的画像右边两幅图上分别是汶岛和一台印刷机，图中的他正在建造天文学庙宇的屋顶；庙宇的屋顶结构也独具一格。各个角的陈设代表了与天文学密切相关的知识领域，从右到左依次为磁学、天文学、三角学、对数学、光学、物理学，以及屋顶后面被挡住的地理学、水文学、计算学、年代学、高度测量学、几何图形和谐波学。穹顶之上，天文学女神乌拉尼亚（Urania）为庙宇加冕。盘旋其上的帝国之鹰撒下权杖和无数金块，这些金块像星雨一样洒向这些天文学家和印刷商，约翰内斯·开普勒也得以雨露均沾，这象征着工作付出后得到丰厚报酬的梦想。

这幅寓意深远的图画表明，开普勒既清楚自己的开创性成就，也不忘前辈们的功劳。从今天的视角来看，这座庙宇代表了天文学从用古代思维和文艺复兴时期的象征主义过渡到用物理知识解释世界的时期。

开普勒在序言中概述了天文学的历史，并将其发展过程与人的成长过程进行了类比：天文学脱胎于占星术，在希腊度过了童年；托勒密在埃及对它加以管教，让它度过了青年时期，然后它又在非洲遭受奴役；最后，天文学又与占星术一起回到欧洲，随着在西班牙出版《阿方索星表》后步入成年，在以物理为基础的《鲁道夫星表》出版后步入成熟。[300] 开普勒由此产生了一种思想，这种思想在一百年后发展成为科学进步的思想，并以此为名争得了一席之地。

《鲁道夫星表》的应用说明和表格分为四个部分：

1. 辅助表格（对数、角度、时间和位置表格）；

2. 基本表格（比较从太阳和地球看到的五大行星，即土星、木星、火星、金星和水星的运动）；

3. 派生表格（记录日食、月食和著名星座）；

4. 附加表格（恒星星表和折射表）。[301]

这些表格之后还增加了一幅世界地图，这是所谓"赠品"（*Sportula*）、一份占星师使用说明和一个勘误清单。作为这些表格使用的示例，开普勒引用了皇帝鲁道夫二世出生时的行星排列，讽刺的是，他恰恰在这个显眼的位置犯了一个错误。然而，随后的审查证实了开普勒在编辑工作和计算准确性方面表现出的高度关注。[302]

开普勒在"应用说明"第 15 章中写道：

天文学的目的在于阐明看似不规则的运动及其原因，并建立数学规律，以便从基本假设中推导出结论，即任何时刻的天体现象都必然是如此，未来的天文现象也可以根据相同的计算来预测。但是，看似不规则的运动的不同之处只能通过与保持不变的某些物体进行比较来感知或计算。[303]

乌尔姆的印刷工作于 1627 年 9 月初完成。9 月 15 日，因为序言没有及时送达，开普勒在乌尔姆商人的陪同下，带着几本还缺少卷首页的书前往法兰克福秋季博览会。到了法兰克福后，他将这些书进行了登记，并在征求了多位专家的意见后，将其价格定为 3 古尔登，而用更好的纸张印刷的版本则要贵 40 个十字币。

开普勒刚刚卸下完成这部世纪巨著的重担，就不得不面对下一步该何去何从的问题。由于日益严厉的反宗教改革法令，上奥地利的形势变得非常严峻[304]，回到林茨几乎是不可能的。在斯特拉斯堡大学和巴塞尔大学拒绝了开普勒讲授星表的提议后，开普勒开始考虑出版第谷的观测结果。他在法兰克福写信给伯内格：

由于印刷第谷观测结果的事项，我正在寻找机会到上德意志居住。现在，所有新教徒都被驱逐出奥地利，我尤其担心，自己也会加入流亡者的行列，失去迄今为止享有的特权。[305]

将近两个月后，开普勒又从乌尔姆写信说：“我决定向宫廷申请两年的休假，以便能够留在法兰克福附近出版第谷的观测结果。”[306] 法兰克福博览会之后，黑森 - 布茨巴赫伯爵腓力三世（Phillip III）把正在寻找新工作的开普勒推荐给自己的侄子，黑森 - 达姆施塔特伯爵格奥尔格二世（Georg II）。1627 年 11 月，开普勒回到乌尔姆，之后他向格奥尔格二世递交了一份请愿书，试图争取格奥尔格二世支持他出版第谷观测资料的计划。他请求皇帝批准他离开一段时间，这并不困难，因为斐迪南二世最近才下令驱逐奥地利境内尚未离开的新教徒。“我已经感到自己在宫廷和上奥地利领地受到了相当程度的边缘化，所以还不能公开接受或宣扬这个计划。”[307]

黑森 - 达姆施塔特的格奥尔格二世为开普勒的计划提供了支持，并承诺他可以去马尔堡工作和生活。然而，由于黑森地区“目前被士兵占领”[308]，迁居马尔堡的计划未能实现，开普勒还误以为自己被解雇了。

11月底，开普勒从乌尔姆出发，途经迪林根。在迪林根，开普勒与耶稣会神父阿尔伯特·库尔茨（Albert Kurz）多次交流。此后他继续前往雷根斯堡探亲。与此同时，他的妻子又生了一个孩子，孩子的姓名和出生日期不详。圣诞节前，开普勒启程前往布拉格，他想在布拉格向斐迪南二世呈交他的《鲁道夫星表》。当时，帝国宫廷正在布拉格举行斐迪南二世的儿子斐迪南三世（Ferdinand III）加冕为波希米亚国王的典礼。

开普勒受到了皇帝的盛情接待，皇帝为他的《鲁道夫星表》支付了一大笔钱（4000古尔登），不过是在纸面上（即以汇票的形式寄往乌尔姆和纽伦堡）。尽管他颁布了针对新教徒的法令，但开普勒并没有被解除帝国数学家的职务，他也得到保证，可以留在林茨而不受骚扰。实际上，开普勒甚至还收到皇帝提供的一份相当有意思的工作邀约，不过前提是他先皈依天主教，这事当然也没了下文。

华伦斯坦在击败丹麦人之后正接近权力的顶峰，那年冬天他也住在布拉格。根据记录，开普勒曾多次给他占星，第一次是在1608年，当时华伦斯坦24岁或25

岁。现在回想起来,这次占星似乎洞察惊人。不过,华伦斯坦本人在多大程度上符合占星术所描绘的景象,这一点仍不确定。开普勒描述了当时还默默无闻的华伦斯坦的性格:他有一颗警觉、不安分的心(土星上升),渴望创新,却隐藏在难以捉摸的外表之下;他有点忧郁,迷信魔法,他无视习俗、戒律和宗教规则。由于月亮处于落陷的位置,他的这些特点在他的同胞眼中是不利的,他们会把他看作一个孤独、畏光的怪物。他也不懂得兄弟之情和夫妻之爱,对下属苛刻、残忍,以自我为中心,行为大多难以捉摸,时而拘谨,时而急躁,爱争吵或欺骗。土星"破坏了他的想象力,追求想象力于他而言徒劳无获。"但木星给了他希望,随着年龄的增长,这些坏习惯会逐渐消失。他"对荣誉的渴望,对世俗尊严和权力的追求"为他制造了许多明争暗斗的敌人,但他无疑会获得声望、财富和美好的姻缘。"由于水星和木星呈对分相,在他身上似乎会产生出一种特殊的魅力,并通过这种魅力吸引大量的人归附自己,或者说,他可能会从反叛者中崭露头角,一跃成为首领和领袖。"[309] 后来在 1624 年或 1625 年,开普勒应华伦斯坦的要求修改了这一占星解释,但他始终拒绝回答诸如死因或战争吉凶等具体问题。值得注意的是，开普勒为华伦斯坦的第二次占星内容终止在 1634 年春，而华伦斯坦正是在那一年被谋杀的。尽管开普勒的工作最多也只是比较两个星座相位预示的性格特征，但华伦斯坦现在从布拉格向他提出了一个至少在经济上非常诱人的条件：华伦斯坦承诺向开普勒偿清皇帝未偿付的薪水（11817 古尔登），并向他支付 1000 古尔登的年薪。华伦斯坦还答应为开普勒在西里西亚的萨根建立一家印刷厂。华伦斯坦主要是对出版星历表感兴趣，因为星历表是占星计算所不可或缺的。开普勒虽然清楚，即使在新教的西里西亚，反宗教改革的浪潮也会席卷而来，但他认为别无选择。[310]为了以防万一，他还确保自己得到萨克森选帝侯约翰·格奥尔格一世（Johann Georg I）的支持：如果一切都失败了，他至少还可以有一个新教避难所。[311]

开普勒的老朋友伯内格对于他为华伦斯坦工作的想法一点也不放心。1628 年 6 月，他写信询问开普勒是否还有勇气"信任法厄同驾驶的马车"①。他认为开普勒可能与这位势头正盛的红人合作不顺，最终会跌入深渊，

---

① 在希腊神话中，法厄同是太阳神阿波罗的儿子，他试图驾驭太阳的马车，但由于缺乏控制力，最终导致马车脱离轨道，引发了灾难性的大火。这个故事常被用来警示骄傲自负，不谨慎行事的后果。

但他不久就打消了这种顾虑，并且坚信"上天会适当地眷顾你，他的儿子，况且你不会草率行事"[312]。在这个时候，开普勒和华伦斯坦之间的交易当然早已达成。尽管开普勒也对成为"战争的养子"[313]感到有些不安，但与此同时，他对哈布斯堡家族的忠诚比以往更坚定。

1628年5月，在与华伦斯坦达成的协议得到斐迪南二世的批准后，开普勒前往雷根斯堡探亲，然后于6月前往林茨，向议会提交了他的表格，并要求解除他议会数学家的职务。1628年7月3日，议会同意了他的请求，并给了开普勒200古尔登旅费，作为他未付工资的预付款。[314]开普勒从林茨出发，前往布拉格与家人会面，然后一同前往萨根。

1628年7月25日，开普勒抵达萨根。[315]他携带了华伦斯坦写给萨根公国领地总管——内赫恩的格拉布斯（Grabus von Nechern）的一封信，信中要求要为开普勒提供一处舒适的住所，并在各种事务上"给予他支持"[316]，同时支付适当的报酬。

尽管享有特权，但开普勒在萨根过得并不快乐。"孤独将我禁锢在这里，这里远离帝国的大城市，信件往来缓慢，而且花费巨大。此外，还有宗教改革的活

萨根，选自弗里德里希·伯纳德·维尔纳（1690—1776 年）的
作品《西里西亚城市图集》

动，虽然他们没有直接影响我，但也暗流涌动，我看到
令人悲哀的事例和画面，我看到我的熟人、朋友和附近
的人被一步步摧毁，恐惧使受伤害者噤若寒蝉。"[317] 他
在给伯内格的信中写道，他几乎听不懂当地的方言，当
地人也听不懂他。他在这里不过是异乡过客，几乎没人
了解他，他一再向伯内格抱怨自己的苦难。[318]

　　尽管如此，开普勒还是找到了一个能干的合作者
雅各布·巴尔奇（Jakob Bartsch），他可以协助开普勒
继续研究星历表。1628 年 9 月 1 日，巴尔奇给开普勒
写了一封公开信，此前巴尔奇被认为是失踪了。他曾是
开普勒的笔友，莱比锡的医生和数学教授菲利普·米勒
（Philipp Müller）的学生，在莱比锡完成学业后又去斯特
拉斯堡学习医学，并结识了开普勒的笔友马蒂亚斯·伯
内格。完成医学学业后，他回到了家乡卢班（Lauban/

Lausitz）。他向开普勒自荐，并根据《鲁道夫星表》计算了1629年的星历表，向开普勒证明了自己的能力。

1628年秋，巴尔奇在萨根拜访了开普勒。当时开普勒已经确认与巴尔奇合作计算1629至1636年的星历表。开普勒计划中的第1卷星历表一共包括三部分，涵盖1617年至1636年。其中第一部分包含1617年至1620年已出版的星历表，第二部分包含1621年至1628年的星历表，第三部分则包含1629年至1636年的星历表。开普勒在布拉格期间就已考虑出版星历表，他曾试图争取与意大利著名天文学家乔瓦尼·安东尼奥·马吉尼合作出版，但未获成功。如今，《鲁道夫星表》已经上市，出版星历表几乎已成迫切之事，开普勒不希望将他的工作成果拱手让人。他计划在1629年法兰克福秋季博览会上出版第1卷星历表，第二年出版第2卷。然而，一切都耗时比预期的长：印刷设备直到1629年年底才安置完毕，而此时萨根已经掀起了第一次反宗教改革的浪潮。

皇帝斐迪南二世因战胜丹麦人而变得强大，他于1629年3月6日颁布了所谓的《归还敕令》，要求新教徒将自1552年《帕绍条约》以来没收的所有教会财产归还给天主教会。同时，这些措施将改革派排除在宗教和平之外，并允许天主教地方领主迫使他们的臣民重新改信天主教。这些法令加深了德意志帝国的紧张局势，延长了战争，强烈要求取消这些敕令的呼声也日益高涨。

起伏不定的战争形势深深地影响着开普勒的生活。1629 年年初，华伦斯坦多次向他征求占星术方面的意见。开普勒可能向其陈述了他与波希米亚和匈牙利国王的星象图之间的关系，并对全年运势做了评述。[319] 开普勒在给雅各布·巴尔奇的公开信中写道："危险的风暴摇荡着国家的航船，没有一艘船可以安全停泊。……当风暴肆虐，国家面临沉船的威胁时，我们所能做的，莫过于将我们和平研究的锚抛向永恒之底。"[320] 在与丹麦签订《吕贝克和约》前不久，华伦斯坦获得了梅克伦堡公国的封赏，这在法律和政治上都是颇具风险的举措，因为华伦斯坦晋升为帝国亲王，这意味着那些原有的统治者因支持新教派而被排挤出位。帝国的老牌亲王们对这位新晋位者非常忌惮。他们的怀疑不无道理，即华伦斯坦本人促成了皇帝的这次专断行为，即使华伦斯坦在形式上拒绝接管公国。

华伦斯坦的梅克伦堡公国爵位为开普勒带来了罗斯

托克大学的聘书，他非常不情愿接受这个聘书，他已经不相信和平。如果他去罗斯托克，就意味着离开王国。

亲王确实炙手可热，但命运也掌控着他。如果发生了什么事情改变了目前的状况，我作为数学家的薪水就难以得到保证，因为我将远离宫廷。如果波罗的海实现了和平，公爵就必须把他的军队调到离那里更远的地方。但如果没有和平，就像几乎所有人都认为的那样，那么那里的敌人将会是瑞典人、丹麦人和荷兰舰队。[321]

开普勒也不清楚，这个工作机会究竟在多大程度上是认真的，因为皇帝方面同时也有相反的指示。为了保险起见，开普勒提出了许多条件，并等待着事情的解决。

大约在同时，也就是1629年年初，开普勒的姐姐的来信提醒他，他该为女儿苏珊娜操办婚事了。玛格丽特·宾德介绍了一位来自基希海姆的丧偶医生。然而，开普勒对他妹妹的撮合能力表示担忧，于是他向斯特拉斯堡的伯内格咨询，请他站在父亲的角度出面协调女儿的婚事。[322] 后来，由于担心基希海姆的这门亲事可能已告吹，他开始考虑自己的同事雅各布·巴尔奇是否为合适的人选。在开普勒向伯内格询问了巴尔奇在斯特拉斯堡的生活方式并得到满意答复后，开普勒和伯内格一起试图说服雅各布·巴尔奇向苏珊娜·开普勒求婚。开普勒本人曾在追求爱情的道路上经历过不少挫折，现在他显然非常享受看到潜在女婿尽其所能，所以直到 1629 年 9 月 1 日才表态。[323] 开普勒答应将女儿嫁给他，前提是她本人同意这一安排。开普勒之所以对巴尔奇有意，很可能不仅是因为他可以成为女儿的丈夫，还因为把他看作是一位长期的合作伙伴，可能还是未来的继承人和遗产管理员。

伯内格在斯特拉斯堡筹备婚礼的同时，开普勒在星历表基本计算完毕后开始积极筹建萨根印刷厂。他找到了一位排字工和一位印刷工，派他们去莱比锡购买印刷机、铸造活字和纸张。他的朋友，莱比锡的医生兼数学教授菲利普·米勒在交易过程里给予了大力支持。[324] 与此同时，开普勒还安排人将他租用的房子中的一个房间改建成印刷作坊，[325] 他迫不及待地想要印刷星历。1630年年初，他在写给菲利普·米勒的信中说：

……为了完成我已经开始的工作，我必须继续前进。为此，我尤其需要已经订购的印刷字模。如果我必须离开萨根，我宁愿留下的是成品，而不是残缺不全的碎片。[326]

即使与华伦斯坦因印刷厂产生财务纠纷，他也没有停止工作。[327]1630 年年初，新安装的印刷机开始印刷 1629 年至 1636 年的星历表。随后印刷了 1621 年至 1628 年的年鉴，其中包含了开普勒的气象观测。

1630 年 3 月底及 4 月初，开普勒到华伦斯坦位于伊钦的城堡中拜访了他。他在回到萨根后写信给菲利普·米勒说，他和他的赞助人在一起的三周里白白耽误了很多时间。[328] 除了占星术外，他们主要谈论了财务事项。华伦斯坦将保证印刷工作的顺利进行，条件是印刷机归华伦斯坦所有，且开普勒答应将他正在印刷中的著作上给他题献词，并在印刷完成后献给他。此外，华伦斯坦还考虑用一处教会产业的收益来偿还拖欠开普勒的宫廷薪酬。

开普勒不在的这段时间，《月之梦》的部分内容由萨根出版社印刷，前文已经提及，该书在开普勒去世后才出版。开普勒从伊钦返回后不久，他的妻子于 1630 年 4 月 18 日生下了女儿安娜·玛丽亚（Anna Maria）。洗礼定于 4 月 24 日举行。开普勒希望届时他的女儿苏珊娜可以与她的丈夫一起来到萨根,两人已于 1630 年 3 月 12 日在斯特拉斯堡结婚。[329] 然而,这对年轻夫妇直到 5 月初才抵达萨根,并在萨根举行了婚礼和洗礼。[330]

这段欢乐的插曲告一段落。开普勒继续有条不紊地推进星历表的印刷工作。他希望在法兰克福秋季博览会上至少能展出星历表第 1 卷的第三部分,即 1629 至 1636 年的部分。工作完成后,他写信给华伦斯坦:"我怀着虔诚的顺从之心向您报告,我竭尽全身心和财力投入,以确保能在规定的时间,即圣弥额尔日(9 月 29 日)前,完成从 1617 年到 1636 年第 1 卷的印刷和计算工作。"[331]

然而,来自雷根斯堡选帝侯会议的坏消息为这一成就罩上阴影:皇帝斐迪南二世受巴伐利亚选帝侯马克西米利安和其他反对华伦斯坦的人所影响,于 1630 年 9 月 13 日解雇了华伦斯坦,以争取他们支持其子当选德意志的国王。然而,这一举措并没有达到预期的效果。斐迪南二世的儿子未能当选为德意志的国王,这对哈布斯堡王朝来说是一次沉重的打击,尤其是随着瑞典军队登陆乌泽多姆岛和波美拉尼亚,"三十年战争"迎来了新的篇章。华伦斯坦平静地接受了解职,但依赖于他的开普勒却没有。他又一次陷入了对生计的忧虑之中，这种忧虑使他经常感到心力交瘁。为了至少保证自己的经济利益，明确自己今后的活动范围，同时也为了向在梅明根或纽伦堡的华伦斯坦献上他的星历表献礼本，开普勒于 10 月 8 日踏上了经莱比锡前往雷根斯堡的旅程。正如巴尔奇所述，开普勒受到紧张的编辑工作和不确定处境的影响，离开萨根时，他的状况非常糟糕，几乎令人怀疑他会有去无回。[332] 他带着与自己所有有价值的文件，在莱比锡的菲利普·米勒处停留。在那里，他得知华伦斯坦已经去了布拉格。然而，由于他已将多卷星历表和支付文件寄往雷根斯堡，他也必须随着这批货物的踪迹一道前往。因此，开普勒将星历表的献礼本寄给了布拉格的华伦斯坦，书中还附有一封感谢信，信中他感谢了萨根的领主和领地总管，感谢了自己的家人及助手，感谢了领主的眷顾，希望再次去往领主身边效劳。[333]

他在莱比锡给马蒂亚斯·伯内格写了最后一封信，感谢伯内格邀请他前往斯特拉斯堡：在目前这个不确定的时代，人不应该拒绝任何寻求庇护的机会，无论它多么渺茫。

愿上帝保佑您，并怜悯我祖国的困境。……愿您与妻儿一切安好。愿您和我一起紧紧依靠教会这唯一的锚，为了他们，也为了我，向上帝虔诚祈祷。[334]

开普勒经纽伦堡前往雷根斯堡，在那里他悲伤地得知《鲁道夫星表》中的世界地图还没有完成（他本想把它献给皇帝）。当他于 1630 年 11 月 2 日抵达雷根斯堡时已经疲惫不堪，当时选帝侯大会正在散场。几天后，开普勒发烧了，起初他并没有当回事。病情恶化后，他接受了放血治疗，但无济于事，高烧持续上升，他有时会神志不清。牧师们一直在他身边，甚至在生命的最后时刻，当他回答"他把得救的希望寄托在什么上面"的问题时，他的答案是："唯独依赖我们的救主耶稣基督。"[335]

目前尚不清楚开普勒是否知晓，皇帝为表示对其旅途中健康的关切向他赠送了 25 或 30 杜卡特。开普勒于儒略历 1630 年 11 月 5 日或格里历 15 日中午离世。三天后，他被安葬在雷根斯堡的新教墓地。几年后，战火就几乎荡平了他的墓。

去世前，开普勒就已经为自己选定了墓志铭：

我曾窥测天空广阔，而今亲探大地深邃。精神遨游天际，肉身归于尘土。（Mensus Eram Coelos Nunc Terrae Metior Umbras Mens Coelestis Erat Corporis Umbra Iacet）[336]

威廉·希卡德于11月底给马蒂亚斯伯内格写信说：

最忠实的朋友啊，我不能向您隐瞒这个消息，即使我无法止住泪流：我们共同的昔日好友开普勒于11月15日在雷根斯堡离世，数学天空中的一颗一等星从尘世的地平线升上太空。在月食的前一天，我们亲手埋葬了他。在那里，他大概就能近距离地观察到他曾经常在地球上向我们讲述和预言的东西。[337]

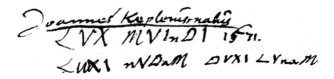

开普勒出生年份的纪年铭，即"MDLXXI"①，原文为"Joannes Keplerus natus/LUX MVnDI 1571/LUXI nVDaM DUXI LVnaM"。（意为：约翰内斯开普勒诞生了/1571年，我让世界之光错位/把它引向当空皓月。）

---

① "纪年铭"是一则铭文，其中特定的字母大写，如字母M、C、X、L和V等，若将其中字母排列并按罗马数字解读，则代表一个特定的日期，本处"MDLXXI"是罗马数字，表示公元1571年。

第7章

尾 声

 开普勒的家人在 1630 年 12 月初得知了他去世的消息。巴尔奇试图将萨根印刷厂维持下去，但他的努力失败了。开普勒的妻子苏珊娜经过一年的努力，多次请愿，才说服华伦斯坦向她支付拖欠开普勒的工资。在萨根的家宅损毁后，开普勒一家与巴尔奇一起定居在卢班，日子越来越困窘。在开普勒去世 3 年后，巴尔奇死于瘟疫，更是给这个家庭重重一击。路德维希·开普勒向皇帝追讨债款，争取投资，但并不走运。他想出版父亲的遗稿和传记，但所有计划都没有实质性推进。只有在 1634 年，他在美因河畔法兰克福出版了父亲生前已经印刷了一部分的《月之梦》。为此，他在法兰克福与继母碰面，苏珊娜带来了手稿、已经印刷好的纸张和她的四个孩子（在雷根斯堡出生的那个不知名的孩子已经去世了）。苏珊娜·开普勒希望通过印刷约翰内斯·开普勒的作品在法兰克福谋生。事实证明，这种希望不过是镜中水月。于是，她在1635年离开法兰克福，搬回了曾经居住多年的雷根斯堡。途中，她的两个儿子弗里德玛和希尔德伯特去世，他们可能是死于瘟疫。苏珊娜·开普勒只比他们多活了一年。她于1636年8月30日在雷根斯堡去世。去世后，她的两个女儿科尔杜拉和安娜·玛丽亚由雷根斯堡的一位朋友斯蒂芬·马奇特伦克（Stephan Marchtrencker）医生照顾。

与此同时，开普勒在西里西亚的遗产也因战乱而支离破碎。出于经济上的需要，苏珊娜·巴尔奇典当了开普勒的一些书籍。1637年，路德维希·开普勒整理了开普勒遗留的手稿，并将其转移到一个只有他自己知道的地方，因为在此期间，耶稣会士克里斯托夫·谢纳和阿尔伯特·柯蒂乌斯（Albert Curtius）曾试图通过苏珊娜·巴尔奇获得第谷的观测记录。

开普勒遗产的后续命运就像他生前一样颠沛流离。

开普勒的继承人无法利用第谷和开普勒留下的记录说服皇帝偿还债务。因此，遗产仍然归路德维希·开普勒所有。路德维希·开普勒到意大利考察后，于 1639 年在柯尼斯堡定居，成为一名医生。出于经济需要，他在 1655 年将第谷的笔记卖给了丹麦国王。路德维希于 1663 年在哥尼斯堡去世，他的继承人将其遗产卖给了但泽天文学家约翰内斯·赫维留斯（Johannes Hevelius），后者编制了一份著作目录，引起了学术界对开普勒遗产的关注，但出版《喜帕恰斯，或论太阳和月球的大小》和书信的计划失败了。1687 年赫维留斯去世后，遗产传给了他的长女，又流传至她后来的丈夫恩斯特·朗格（Ernst Lange）手中，他于 1707 年以 100 古尔登的价格将开普勒的遗产卖给了米夏埃尔·戈特利布·汉施（Michael Gottlieb Hansch）。汉施收集了这些遗产，并于 1712 年将其装订成 22 卷。他计划出版整个遗产，但最终只完成了第 1 卷"信件精选集"，并附有生平附录，题为《约翰内斯·开普勒通信集》（*Joannis Keppleri aliorumque epistolae mutuae*）（莱比锡，1718 年）。这本书装帧豪华，导致后续出版困难。汉施只成功出版了开普勒关于格里历的著作（雷根斯堡，1726 年）。甚至在这本书出版之前的 1721 年，汉施就迫于经济需要，将其中的 18 卷以 828 古尔登的价格典当给了法兰克福的艾因格尔典当行。他将 3 卷信件送往维也纳的皇家宫廷图书馆，并将最初为了出版格里历相关著作而保留下来的第 4 卷也一并送去。

1749 年汉施去世，此后，他的 18 卷遗产被遗忘在法兰克福。辗转继承，它们落入了法兰克福的货币委员卡塔琳娜·特吕默（Katharina Trümmer）手中，1765 年左右，纽伦堡学者克里斯蒂安·戈特利布·冯·穆尔（Christian Gottlieb von Murr）从她那里找到了这些书。但冯·穆尔无法筹集到特吕默夫人想要的 1500 古尔登，于是他非常积极地寻找对开普勒的著作有兴趣的人。他出版了一份目录，写信给所有可能的学者、学院和图书馆，但绝大多数人都不感兴趣，说这些东西"过时了"。只有莱昂哈德·欧拉（Leonhard Euler）所属的彼得堡科学院表现出了兴趣，最终还是叶卡捷琳娜大帝（Katharina die Große），这一位出生于安哈尔特-采尔布斯特的德意志公主购买了这 18 卷著作。她将这些著作遗赠给了圣彼得堡科学院，后来于 1840 年转交给了普尔科沃新建的天文台。

大约在同一时期，斯图加特的克里斯蒂安·弗里施（Christian Frisch）计划将开普勒已印刷和未印刷的作品分8卷出版。尽管困难重重，弗里施还是成功地实现了这一计划。在俄国驻斯图加特宫廷使节的调解下，他得到了普尔科沃的部分书卷，并用于编辑工作。《开普勒全集》于1858年至1871年间出版，第8卷第二部分还附有开普勒传记。

瓦尔特·冯·戴克（Walther von Dyck）对这本仅有拉丁文注释的初版作品很不满意，因此他在1914年左右开始计划出版新版的《开普勒全集》。为此，他拍摄了在慕尼黑保存下来的全部遗留资料。自1937年起，《开普勒全集》各卷（计划出版22卷）由德国研究基金会和巴伐利亚科学院出版。

如果把开普勒遗产的命运视为开普勒影响历史的一部分，那么可以得出结论，开普勒的天文学著作总体上得到了赞赏（尽管它们对某些同时代的人来说显然过于大胆），但他在天文学中引入的物理解释模型却直到艾萨克·牛顿（Isaac Newton）的引力定律出现之后才得到广泛认可。牛顿自己也知道开普勒对他的贡献，但很少提及；当他谈到他之所以能够取得如此成就，是因为他站在巨人的肩膀上时，他没有提到任何名字。

在牛顿之后，开普勒被认为是过时的、陈旧的。人们很快就忘记了，开普勒克服了自古以来被视为神圣不可侵犯的行星圆周运动思想，树立了一座里程碑。奉行经验主义的现代科学流派认为开普勒过于臆测。而科学史流派为开普勒塑造了独有的形象：它将开普勒视为行星法则的发现者，同时也是处境尴尬的投机哲学家。[338] 在这个过程中，开普勒的形而上学思考被现代自然科学家的光芒掩盖，而他本身也被艾萨克·牛顿的光芒所掩盖。如今，无论是因为缺乏了解还是人云亦云，牛顿常常被视为将物理学扩展到太空的功臣，就像伽利略被视为现代自然科学的奠基人一样。伽利略不是第一个进行实验的人，但他是第一个将这一方法公之于众的人。（顺便一说，伽利略直到生命的最后一刻还相信行星围绕太阳做圆周运动，他拒绝接受开普勒的发现。）实验方法中的还原主义法为现代机械思维快速传播开辟了道路。开普勒经常使用"宇宙时钟"[339] 这一比喻，作为当时最先进的技术，它将宇宙秩序类比于齿轮。

天文学家，卡米耶·弗拉马里翁（Camille Flammarion）
绘制，木版画，1888 年

　　卡米耶·弗拉马里翁的这幅木版画是对"哥白尼革命"最美妙的描绘，人们曾长期认为这幅画是 16 世纪的作品，但实际上它是在 19 世纪末创作的[340]。画中的人物突破了地平线与天球层的结界，不仅代表了"地心说"束缚的终结，还反映了 19 世纪对"哥白尼革命"的看法：一位研究者受好奇心驱使冲破了旧教条的禁锢，探头向远离地平线以外的陌生未知世界张望，去看外面世界的运作机制，而此前地平线一直被认为是世界的边界。然而，这幅画并没有表现出这一新视角诞生的阵痛前后。如果仔细观察,"哥白尼革命"实际上是一个漫长的过程,在哥白尼之前,文艺复兴时期就已经发现了透视法,一直到哥白尼去世之后很久还在延续。开普勒在这一过程中发挥了重要作用。

作为转型时代的人,开普勒坚持运用古典和人文思想大而化之地理解科学,将所有科学视为哲学的一部分。他在处理第谷·布拉赫的经验数据时非常认真,但使他在后世看来显得迂腐。尤其是,他"仍然受制于"将人类视为上帝行动的受托人和代理人的终极思维。因此,开普勒认为,毫无疑问,上帝为人类创造了宇宙的和谐。"为谁获益?"(Cui bono?)这个问题曾经历了漫长的讨论。随着这个问题在哲学讨论中的落幕,"哥白尼革命"最终得以完成,但这个过程在开普勒之后仍然持续了一段时间,在这段时期里,地球围绕太阳旋转,但创世仍然以人类为中心。在世俗化和经验主义之后,随着实证主义、唯物主义和功利主义的崛起,哲学上的"去中心化"才真正成为现实,这与主体向心理学的迁移是相对应的。诚然,这番话过于简单化,仅此强调人类对自己在宇宙中地位的认识从长期变迁来看不是一蹴而就的。

在开普勒时代,磁学学说、显微镜和望远镜的发明、自由落体定律和钟摆定律、对数计算以及同样不可忽视的行星定律，奠定了近代科学的基础。弗朗西斯·培根于1620年出版了《新工具论》，勒内·笛卡尔于1637年出版了《方法论》，这些著作旨在对抗传统科学的偏见和教条束缚，并致力于发展一种"发明艺术"（Ars inveniendi），或至少通过对科学概念、科学前提和科学目标的反思，来正确地运用理性。反思和经验才是新科学的指导原则。正因如此，艾萨克·牛顿不再敢于提出未经验证的假说。

开普勒是一个非常谦虚的人，他很清楚自己的定位。他的批判性思维经常使他远离宗教、政治和科学争议的纷扰。他的谦虚和他那些被认为不合时宜的观点都掩盖了他的工作成就。特别是他的研究核心，即"和谐"，虽然受到的关注很有限，充其量只有歌德（Goethe）和诺瓦利斯（Novalis）等诗人、少数浪漫主义爱好者和非主流科学家对这一学说表示赞赏。但开普勒的和谐直觉并非完全荒谬：尽管发现天王星（1781年）、海王星（1846年）、冥王星（1930年）和小行星带打破了开普勒在《宇宙的奥秘》中精心设计的五个柏拉图立体的嵌套系统，但现在看来，"在太阳系中确实存在着一种近乎神秘的数字关系：天体之间出现了共振现象。木星和土星的轨道周期几乎是 2∶5 的精确比例。在小行星带，也就是位于木星和火星之间的众多小行星组成的带状区域中，存在着'空轨道'，其潜在的轨道周期分别是木星轨道周期的一半、三分之一和四分之一。这些看似神秘的数字比例，让人联想到毕达哥拉斯数字神秘主义，如今，在多面体系统的反馈视角下，人们才能在某种程度上对此加以理解。"[341] 此外，在其他领域，如声学（泛音序列）、晶体学或植物学，也可以发现规律的比例关系（黄金分割、斐波那契数列）。

目前，我们已经认识到了还原主义科学研究的局限，也开始借助计算机来理解复杂的系统，甚至美学观点和直观假设也似乎不再被自然科学框架断然拒绝。至于未来科学会对开普勒有怎样的看法，就让我们拭目以待吧。

开普勒的签名"约翰内斯·开普勒，数学家"

注 释

注释中将使用以下缩写：

KGW: Johannes Kepler: Gesammelte Werke. 22 Bde., hg. im Auftrag der deutschen Forschungsgemeinschaft und der Bayerischen Akademie der Wissenschaften, München 1937ff.

KOO: Joannis Kepleri Astronomi Opera omnia edidit Christian Frisch. 8 Bde., Frankfurt a. M., Erlangen 1858-1871

Briefe I, II: Max Caspar, Walther van Dyck（Hg.）: Johannes Kepler in seinen Briefen. 2 Bde., München 1930

高频引文标题第一次使用全称，之后使用缩写。

1. 例如，1585 年，十进制分数（史蒂凡）；1586 年，力的平行四边形（史蒂凡）；1614 年，对数表（纳皮尔）。

2. Vgl. Wilhelm Treue: Keplers «kleine» Welt. In: Deutsches Museum. Abhandlungen und Berichte, 39.Jg.1971, Heft 1, S. 26

3. 约翰内斯·开普勒通过占星术计算出他母亲的受孕日期是 1571 年 5 月 16 日下午 4 点 37 分。(vgl. KOO, Bd.8, S. 672; vgl. H. A. Strauss, S. Strauss-Kloebe（Hg.）: Die Astrologie des Johannes Kepler, Fellbach 1981, S. 264

4. 卡塔琳娜·古尔登曼的祖先是富有的地主。Vgl. Berthold Sutter: Johannes Kepler und Graz. Graz 1975, S. 78f.

5. Vgl. Franz Hammer: Biographische Einleitung. In: Johannes Kepler: Selbstzeugnisse. Stuttgart 1971, S. 8

6. Ebd.

7. Vgl. Edmund Reitlinger: Johannes Kepler. Stuttgart 1868, S. 35

8. Vgl. Sutter: Kepler und Graz, S. 78f.

9. 卡塔琳娜得到了 3000 古尔登，海因里希得到了 1000 古尔登。Vgl. Reitlinger: Kepler, S. 35

10. KOO, Bd.8, S. 668ff.

11. Brief Keplers an Graf Vincenzo Bianchi, Linz 17.2.1619, in: KGW, Bd.17, Brief 827, und Brief Keplers an den Senat von Nürnberg aus dem Jahr 1620, in: KGW, Bd.17, Brief 877

12. Vgl. Johann Jakob Bartsch: Genealogia Keppleriana [Handschriftliches Dokument von Keplers Enkel], ausgewertet von G. M. Hansch. Siehe auch M. Caspar: Johannes Kepler, Stuttgart 1948, S. 29f.

13. KGW, Bd.19, S. 313f.

14. 弗朗茨·汉默认为具体时间是 1575 年 7 月初。vgl. Kepler: Selbstzeugnisse, S. 8

15. 这位密友名叫阿波罗尼亚·威灵格（Apollonia Wellinger），也是埃尔廷根人，40 年后在莱昂贝格被指控使用巫术，但并无确凿证据定罪。Vgl. Sutter: Kepler und Graz, S. 79

16. Vgl. Brief an Herwart von Hohenburg vom 14.9.1599, in: KGW, Bd.14, Brief 134

17. KOO, Bd.8, S. 672

18. Reitlinger: Kepler, S. 203f.

19. Michael Gottlieb Hansch: Joannis Keppleri Vita. In: Joannis Keppleri aliorumque Epistolae mutuae. Leipzig 1718, S. VII; vgl. KOO, Bd.8, S. 672

20. Vgl. Geschichte des humanistischen Schulwesens in Württemberg. Hg. von der württembergischen Kommission für Landesgeschichte, Stuttgart 1912, Bd.3.1, S. 14ff.

21. Ebd., S. 146ff.

22. 开普勒在校时，助理教师分别是克里斯蒂安·格利茨（1575—1578 年在任）、彼得·斯平德勒（1579 在任）、雅各布·韦茨林（1580—1584 年在任）。

23. Geschichte des humanistischen Schulwesens in Württemberg, Bd.3.1, S. 283

24. Brief an David Fabricius vom 4.7.1603, KGW Bd.14, Brief 262, S. 416

25. Geschichte des humanistischen Schulwesens in Württemberg, Bd.3.1, S. 283

26. Ebd., Bd.3.1, S. 517f.

27. Reitlinger: Kepler, S. 54

28. Ebd., S. 204

29. KOO, Bd.8, S. 671

30. Ebd., S. 672

31. Vgl. «Nativität», in: KGW, Bd.19, S. 328-337. Deutsche Übersetzung von Esther Hammer: Selbstcharakteristik, in: Kepler: Selbstzeugnisse, S. 16-30

32. Ebd.

33. KOO, Bd.8, S. 671

34. Ebd., Bd.2, S. 302

35. Ebd., Bd.1, S. 311

36. Ebd., Bd.8, S. 672

37. Geschichte des humanistischen Schulwesens in Württemberg, Bd.3.1, S. 152

38. 起初有九所初级修道院学校，安豪森（Anhausen）、登肯多夫（Denkendorf）和洛奇（Lorch）的学校在1584年关闭。另有四所高级修道院学校：贝本豪森（Bebenhausen）、赫雷纳尔布（Herrenalb）、希尔绍（Hirsau）和毛尔布龙（Maulbronn）。在17世纪，修道院学校的数量减少到了三所初级学校（阿德尔贝格、布劳博伊伦、希尔绍）和两所高级学校（贝本豪森和毛尔布龙）。

39. 开普勒在校期间，主教伯恩哈德·西克（Bernhard Sick）和塞巴斯蒂安·卡默胡贝尔（Sebastian Kammerhuber）分别在1584—1585年担任指导教师，马丁·费尔（Martin Veyel）在1585—1586年担任指导教师。vgl. Reitlinger: Kepler, S. 62f.

40. «Nativität», in: KGW, Bd.19, S. 328-337

41. KOO, Bd.8, S. 672f.

42. In: Johannes Kepler: Selbstzeugnisse, S. 61-65

43. Selbstcharakteristik, in: Kepler: Selbstzeugnisse, S. 16ff., lateinische Original version in: KWG, Bd.19, S. 328ff.

44. Ebd., S. 16

45. Ebd., S. 27

46. KOO, Bd.8, S. 673

47. Hansch: Joannis Keppleri Vita. In: Joannis Keppleri aliorumque Epistolae mutuae, S. III

48. Vgl. KGW, Bd.19, S. 316

49. Ebd., S. 319

50. Vgl. «Nativität», in: KGW, Bd.19, S. 328ff., und «Revolutio anni 1589». In: KOO, Bd.8, S. 673

51. Vgl. Reitlinger: Kepler, S. 83

52. Vgl. KOO, Bd.8, S. 676: "Mariamnem agebam"。弗里德里希·塞克（Friedrich Seck）（Kepler und Tübingen. Tübingen 1971, S. 15）和贝特霍尔德·萨特（Berthold Sutter）（Kepler und Graz, S. 106）推测这部戏剧可能是雅各布·舍珀（Jakob Schöpper）的《被斩首的施洗约翰》（*Joannes decollatus*）。但是这部戏剧中并没有"Mariamne"这

个角色。笔者更倾向于认为这是一部失传的戏剧。爱德华·罗森
（Edward Rosen）认为，约翰内斯·开普勒可能记不清他扮演的角色
的名字，毕竟他并没有扮演很多女性角色。In: Occult and Scientific
Mentalities in the Rennaissance. Hg. von Brian Vickers, Cambridge
1984, S. 254

53. Vgl. Reitlinger: Kepler, S. 94

54. Vgl. KGW, Bd.14, S. 275

55. Vgl. KGW, Bd.19, S. 319

56. KGW, Bd.13, S. 4

57. 埃吉迪乌斯·亨纽斯（Aegidius Hunnius，1550—1603年）是符腾
堡著名路德派神学家。他曾在马尔堡（1576年）和维滕堡（1592
年）担任教授。

58. Johannes Kepler: Bemerkungen zu einem Brief Matthias Hafenreffers.
In: Selbstzeugnisse, S. 62f.

59. Ebd.

60. KGW, Bd.19, S. 322.

61. Vgl. Reitlinger: Kepler, S. 117

62. 现今将儒略历纪年标记为"a. St."，即"alter Stil"的缩写，意为
"旧式"。如果同时给出两个日期，则第一个日期是儒略历，第二
个日期是格里历。若无特别标示，则表示格里历。

63. Vgl. Sutter. Kepler und Graz, S. 38f. und S. 64f.

64. Vgl. Johann Andritsch: Gelehrtenkreise um Johannes Kepler in Graz.
In: Akademischer Senat der Universität Graz（Hg.）: Johannes Kepler
1571-1971. Gedenkschrift der Universität Graz. Graz 1975, S. 170
und S. 186

65. Gerald Schöpfer: Ein Beitrag zur sozialen Stellung der Gelehrten in
Innerösterreich am Beispiel Johannes Keplers. In: Akademischer Senat
der Universität Graz（Hg.）: Johannes Kepler 1571-1971, S. 204

66. Vgl. Sutter: Kepler und Graz, S. 53-74

67. Vgl. Johann Loserth: Die protestantischen Schulen der Steiermark im 16. Jahrhundert. In: Monumenta Germaniae Paedagogica Bd.LV, Berlin 1916, S. 26f. und S. 38f.

68. Revolutio anni 1594. In: KOO, Bd.8, S. 677

69. KGW, Bd.13, Brief 112, S. 287

70. Vgl. KGW, Bd.19, S. 332f.

71. Ebd., S. 8f.

72. Sutter: Kepler und Graz, S. 134 und S. 177

73. Ebd., S. 130f.

74. KGW, Bd.13, Brief 16 vom 8./18.1.1595

75. Vgl. ebd., Brief 64 vom 9.4.1597 an Michael Mästlin

76. Vgl. Fernand Hallyn: The Poetic Structure of the World.Copernicus and Kepler. New York 1990, S. 75f.

77. Johannes Kepler: Mysterium cosmographicum. Das Weltgeheimnis. Übersetzt und eingeleitet von Max Caspar, Augsburg 1923, S. 20

78. Ebd., S. 23

79. Ebd., S. 24

80. Ebd.

81. Vgl. Sutter: Kepler und Graz, S. 178

82. Ebd., S. 215

83. Brief vom 17.5.1596（a. St.）von Johannes Papius an Kepler, KGW, Bd.13, Brief 41

84. Brief vom 7.6.1596（a. St.）von Johannes Papius an Kepler, KGW, Bd.13, Brief 45

85. KGW, Bd.13, Brief 57

86. 萨特（Sutter）推测，这个日期可能是由亲属确定的。Vgl. Sutter: Kepler und Graz, S. 221

87. Briefe I, S. 54, vgl. KGW, Bd.13, Brief 75

88. KGW, Bd.13, Brief 73, 4.8.1597

89. Briefe I, S. 60, vgl. KGW, Bd.13, Brief 76

90. Brief vom 18.7.1599, KGW, Bd.14, Brief 128

91. Briefe I, S. 193f., vgl. KGW, Bd.14, Briefe 222 und 265

92. Ebd., S. 194, vgl. KGW, Bd.14, Brief 268

93. Sutter: Kepler und Graz, S. 190f. 过去的开普勒研究中长期存在一个误解，即开普勒与赫瓦特是通过一位名叫格里恩伯格（Grienberger）的耶稣会神父得以建立联系的，萨特在此澄清了这一误解。

94. Brief vom 29.5.1597, KGW, Bd.13, Brief 69

95. KGW, Bd.13, Brief 82

96. Briefe I, S. 62-64, vgl. KGW, Bd.13, Brief 92

97. Ebd., S. 64f., vgl. KGW, Bd.13, Brief 94

98. Kepler: Selbstzeugnisse, S. 29

99. Briefe I, S. 101-111, vgl. KGW, Bd.13, Brief 117

100. Ebd., S. 108

101. Ebd. 其他关于占星术的注解可以在开普勒对1598年的预言中找到。

102. Ebd., S. 106

103. Ebd., S. 75f., vgl. KGW, Bd.13, Brief 99

104. Ebd., S. 84, vgl. KGW, Bd.13, Brief 106

105. Vgl. Sutter: Kepler und Graz, S. 245

106. Ebd., S. 247

107. Briefe I, S. 86

108. Vgl. KGW, Bd.13, Brief 112 und KGW, Bd.14, Brief 134

109. Briefe I, S. 88, vgl. KGW, Bd.13, Brief 107

110. Ebd., S. 89

111. Ebd., S. 92

112. KGW, Bd.13, S. 380

113. Briefe I, S. 94, vgl. KGW, Bd.13, Brief 112

114. Ebd., S. 101, vgl. KGW, Bd.13, Brief 113

115. Ebd., S. 121f., vgl. KGW, Bd.14, Brief 142

116. Ebd., S. 125f., vgl. KGW, Bd.19, S. 48

117. Ebd., S. 126f., vgl. KGW, Bd.14, Brief 162

118. Ebd., S. 130ff., vgl. KGW, Bd.14, Brief 166

119. Ebd., S. 136f., vgl. KGW, Bd.14, Brief 168

120. Ebd., S. 141, vgl. KGW, Bd.14, Brief 175

121. Ebd., S. 146, vgl. KGW, Bd.14, Brief 177

122. Ebd., S. 140, vgl. KGW, Bd.14, Brief 175

123. Ebd., S. 147, vgl. KGW, Bd.14, Brief 180

124. Ebd., S. 151f., vgl. KGW, Bd.14, Brief 187

125. Ebd., S. 143f., vgl. KGW, Bd.14, Brief 177

126. KGW, Bd.14, Brief 239, S. 334

127. Briefe I, S. 217, vgl. KGW, Bd.15, Brief 317

128. Ebd., S. 177f., vgl. KGW, Bd.14, Brief 239

129. KGW, Bd.14, Brief 189

130. Briefe I, S. 160f., vgl. KGW, Bd.14, Brief 203

131. Briefe I, S. 240f., vgl. KGW, Bd.15, Brief 323

132. KGW, Bd.2, S. 19

133. Briefe I, S. 171f. und S. 173f., vgl. KGW, Bd.14, Briefe 228 und 232

134. Ebd., S. 185f., vgl. KGW, Bd.14, Brief 256

135. Ebd., S. 200f.

136. Diedrich Wattenberg: Weltharmonie oder Weltgesetz–Johannes Kepler. In: Archenhold-Sternwarte Berlin-Treptow, Vorträge und Schriften 42, Berlin-Treptow 1972, S. 21

137. Johannes Kepler: Gründlicher Bericht von einem ungewöhnlichen neuen Stern. Prag 1604, S. 3

138. Ebd., S. 4 und S. 5

139. Briefe I, S. 222, vgl. KGW, Bd.15, Brief 335

140. Briefe I, S. 227, vgl. KGW, Bd.15, Brief 340

141. Giora Hon: On Kepler's Awareness of the Problem of Experimental Error. In: Annals of Science 44（1987）, S. 557

142. Vgl. Johannes Kepler: Neue Astronomie. Übersetzt und eingeleitet von Max Caspar. München, Berlin 1929, S. 21

143. Ebd., S. 38

144. 从北半球看，太阳在冬至时处于近日点，在夏至时处于远日点。

145. Briefe I, S. 198f., vgl. KGW, Bd.15, Brief 281

146. Brief vom 18.12.1604, in: Briefe I, S. 215, vgl. KGW, Bd.15, Brief 308

147. Brief vom 10.12.1604, in: Briefe I, S. 208, vgl. KGW, Bd.15, Brief 302

148. Briefe I, S. 210, vgl. KGW, Bd.15, Brief 304

149. Ebd., S. 253, vgl. KGW, Bd.15, Brief 351

150. Kepler: Neue Astronomie, S. 5 und S. 8

151. KGW, Bd.4, S. 432

152. Brief vom 30.11.1607, Briefe I, S. 305, vgl. KGW, Bd.16, Brief 463

153. Ebd.

154. Brief vom 5.3.1605, Briefe I, S. 221, vgl. KGW, Bd.15, Brief 335

155. Briefe I, S. 248, vgl. KGW, Bd.15, Brief 357

156. Ebd., S. 276, vgl. KGW, Bd.15, Brief 424

157. Brief vom 9./10.April 1599, Briefe I, S. 104, vgl. KGW, Bd.13, Brief 117

158. KGW, Bd.4, S. 230, These CI

159. Ebd., S. 161, These VIII

160. Ebd., S. 209f., These LXV

161. Ebd., S. 231, These CIV

162. Ebd., S. 232

163. Jörg K. Hoensch: Geschichte Böhmens. München 1992, S. 205;

Erich Trunz: Wissenschaft und Kunst im Kreise Kaiser Rudolfs II. 1576—1612. Neumünster 1992, S. 9

164. KGW, Bd.16, Brief 532

165. Ebd., Brief 560

166. Ebd., Brief 569

167. Briefe I, S. 344

168. KGW, Bd.4, S. 305 und S. 456

169. Ebd., S. 458, vgl. KGW, Bd.16, Brief 592

170. Ebd., S. 458, vgl. KGW, Bd.16, Brief 572

171. Briefe I, S. 350, vgl. KGW, Bd.16, Brief 584

172. Briefe I, S. 351, vgl. KGW, Bd.16, Brief 587

173. Johannes Kepler: Dioptrik. Leipzig 1904, S. 4

174. Briefe I, S. 367

175. Ebd., S. 368, vgl. KGW, Bd.4, S. 344

176. KGW, Bd.16, Brief 604 vom 9.1.1611 an Galilei

177. Briefe I, S. 393

178. Ebd., S. 390

179. Vgl. Bemerkungen zu einem Brief Matthias Hafenreffers, in: Kepler: Selbstzeugnisse, S. 63

180. Ebd.

181. Vgl. Brief des Konsistoriums Stuttgart an Kepler vom 25.9.1612, in: Briefe II, S. 3ff. und KGW, Bd.17, Brief 638

182. Briefe II, S. 26, vgl. KGW, Bd.17, Brief 669

183. Vgl. Max Caspar: Johannes Kepler. Stuttgart 1948, S. 260

184. Ebd., S. 262

185. Widmung der «Nova stereometria», in: Briefe II, S. 40f., vgl. KGW, Bd.9, S. 9f.

186. Johannes Kepler: Neue Stereometrie der Fässer. Leipzig 1908, S. 94

187. KGW, Bd.17, Brief 680

188. Ebd., Brief 734, vgl. Briefe II, S. 57ff.

189. Ebd.

190. Ebd., vgl. Briefe II, S. 62

191. KGW, Bd.19, S. 131f.

192. Ebd., S. 132

193. Brief an Matthias Bernegger vom 7.2.1617, in: Briefe II, S. 70

194. KGW, Bd.5, S. 129

195. Ebd., S. 411

196. Vgl. dazu KGW, Bd.18, Brief 934

197. Caspar: Johannes Kepler, S. 282

198. KGW, Bd.17, Brief 725, vgl. Briefe II, S. 49f.

199. Keplers Traum vom Mond.Hg. von Ludwig Günther, Leipzig 1898, S. 3

200. Briefe II, S. 52

201. Ebd., S. 80, vgl. KGW, Bd.17, Brief 756

202. Ebd., S. 87, vgl. KGW, Bd.17, Brief 768

203. Ebd., S. 84f.

204. Ebd., S. 79f., vgl. KGW, Bd.17, Brief 756

205. KOO, Bd.8, S. 847, Revolutio anni 1617

206. KGW, Bd.19, S. 134f.

207. Vgl. KGW, Bd.17, Brief 770

208. Briefe II, S. 98, vgl. KGW, Bd.17, Brief 783

209. Ebd.

210. Johannes Kepler: Weltharmonik. Übersetzt und eingeleitet von Max Caspar, München 1939, S. 356

211. Ebd., S. 280

212. Ebd., S. 11

213. Ebd., S. 14f.

214. Ebd., S. 107

215. Ebd., S. 111

216. Ebd., S. 98f.

217. Ebd., S. 211f.

218. Ebd., S. 267

219. Ebd., S. 268

220. Ebd., S. 291

221. Ebd., S. 351f.

222. Ebd., S. 353f.

223. Ebd., S. 356

224. Briefe II, S. 105ff., vgl. KGW, Bd.17, Brief 808

225. Briefe II, S. 111, vgl. KGW, Bd.17, Brief 829

226. Briefe II, S. 107, vgl. KGW, Bd.17, Brief 808

227. Briefe II, S. 127, vgl. KGW, Bd.17, Brief 835 vom 11.4.1619

228. Ebd., S. 132, vgl. KGW, Bd.17, Brief 835

229. Ebd., S. 134, vgl. KGW, Bd.17, Brief 847

230. Bemerkungen zu einem Brief Matthias Hafenreffers, in: Kepler: Selbstzeugnisse, S. 65

231. KOO, Bd.I, S. 482

232. KGW, Bd.16, Brief 517. 这封信被错误地标注为 1608 年，实际上这封信涉及开普勒将他的著作献给英格兰国王詹姆斯一世，交付带有这些献词的副本，以及与"唐卡斯特勋爵"的使团中的"神学博士多恩"相遇。因为开普勒在 1607 年 10 月寄给詹姆斯一世他的著作《蛇夫座脚下的新星》，因此编辑们认为这封信的内容涉及该著作。但是，唐卡斯特勋爵的使团 1619 年才来到德意志帝国旅行，而约翰·多恩也直到 1616 年才被授予神学博士学位，所以这封信的内容只能与《世界的和谐》献辞有关。

233. John Donne: Ignatius His Conclave. Oxford 1969, S. 7: «Keppler, who (as himselfe testifies of himselfe) ever since Tycho Brahe's death hath received it into his care, that no new thing should be done in heaven without his knowledge.»

234. KOO, Bd.8, S. 873

235. Briefe II, S. 135, vgl. KGW, Bd.17, Brief 846

236. KOO, Bd.8, S. 870, vgl. KGW, Bd.8, S. 20, Nota 1, Neuausgabe des «Mysterium cosmographicum»

237. KGW, Bd.7, S. 360

238. KGW, Bd.17, Brief 841

239. Ludwig Günther: Ein Hexenprozeß. Gießen 1906, S. 45f., vgl. KGW, Bd.12, S. 354

240. Briefe II, S. 150ff., vgl. KGW, Bd.18, Brief 889

241. Ebd., S. 159, vgl. KGW, Bd.18, Brief 905

242. Ebd., S. 153f.

243. KGW, Bd.18, Brief 917

244. Briefe II, S. 154f., vgl. KGW, Bd.18, Brief 898

245. Nova Kepleriana 7, München 1933, S. 32

246. Briefe II, S. 162f.

247. KOO, Bd.8, S. 880

248. KGW, Bd.18, Brief 913

249. Briefe II, S. 187, vgl. KGW, Bd.18, S. 479

250. KGW, Bd.18, im Anschluß an Brief 917

251. Berthold Sutter: Der Hexenprozeß gegen Katharina Kepler. Weil der Stadt 1979, S. 90ff.

252. Briefe II, S. 181

253. Caspar: Johannes Kepler, S. 300

254. Briefe II, S. 181ff.

255. Ebd., S. 183f.

256. Sutter: Der Hexenprozeß gegen Katharina Kepler, S. 116

257. Ebd., S. 117

258. KGW, Bd.8, S. 449f.

259. KGW, Bd.17, Brief 831

260. KGW, Bd.8, S. 453

261. Ebd., S. 452

262. KGW, Bd.19, S. 362

263. Ebd., S. 362f.

264. Ebd., S. 195f.

265. KGW, Bd.18, Brief 923

266. Briefe II, S. 187, vgl. KGW, Bd.18, Brief 934

267. KGW, Bd.18, Brief 993

268. Keplers Traum vom Mond, S. 27f.

269. Briefe II, S. 199, vgl. KGW, Bd.18, Brief 963

270. Ebd., S. 126, vgl. KGW, Bd.17, Brief 827

271. KGW, Bd.18, Brief 974, S. 164

272. Briefe II, S. 197, vgl. KGW, Bd.18, Brief 955

273. KGW, Bd.18, Briefe 974, 977, 993

274. Briefe II, S. 205, vgl. KGW, Bd.18, Brief 983

275. Ebd.

276. Ebd., S. 209, vgl. KGW, Bd.18, Brief 1014

277. Vgl. Briefe II, S. 242, KGW, Bd.18, Brief 1045

278. KGW, Bd.19, S. 144

279. Jürgen Hübner: Die Theologie Johannes Keplers. Tübingen 1975, S. 87

280. Briefe II, S. 207, vgl. KGW, Bd.18, Brief 1010

281. Ebd., S. 210f., vgl. KGW, Bd.8, Brief 1014

282. Ebd., S. 207, vgl. KGW, Bd.18, Brief 1010

283. Ebd., S. 222, vgl. KGW, Bd.18, Brief 1031

284. KGW, Bd.18, Briefe 998, 999, 1000, 1001

285. Ebd., Brief 1016

286. Ebd., Brief 1020

287. Hübner: Die Theologie Johannes Keplers, S. 87

288. Briefe II, S. 214f., vgl. KGW, Bd.18, Brief 1021

289. Ebd., S. 218f., vgl. KGW, Bd.18, Brief 1026

290. Ebd., S. 223f., vgl. KGW, Bd.18, Brief 1031

291. KGW, Bd.18, Brief 1031a

292. Briefe II, S. 228, vgl. KGW, Bd.18, Brief 1036; siehe auch KGW, Bd.10, S. 25*

293. Ebd.

294. Ebd., S. 231, vgl. KGW, Bd.18, Brief 1037

295. Ebd.

296. KGW, Bd.18, Brief 1065

297. Briefe II, S. 229, vgl. KGW, Bd.18, Brief 1038

298. Vgl. Briefe II, S. 237, KGW, Bd.18, Brief 1040

299. KGW, Bd.10, S. 16

300. Ebd., S. 36ff.

301. Vgl. Volker Bialas: Die Rudolphinischen Tafeln von Johannes Kepler. In: Nova Kepleriana, Neue Folge–Heft 2, München 1969

302. Ebd., siehe auch: Owen Gingerich: The Computer versus Kepler.In: American Scientist, No.2, June 1964

303. KGW, Bd.10, S. 45* und S. 88

304. Vgl. KGW, Bd.18, Brief 1058

305. Briefe II, S. 250, vgl. KGW, Bd.18, Brief 1056

306. Ebd., S. 253, vgl. KGW, Bd.18, Brief 1064

307. KGW, Bd.18, Brief 1066

308. KGW, Bd.18, Brief 1073

309. KOO, Bd.8, S. 343ff.

310. Vgl. Briefe II, S. 278

311. KGW, Bd.18, Brief 1073

312. Briefe II, S. 280, vgl. KGW, Bd.18, Brief 1086

313. KGW, Bd.18, Brief 1116

314. KGW, Bd.19, S. 149f.

315. Briefe II, S. 303, vgl. KGW, Bd.11,1, S. 470

316. Ebd.S. 279, vgl. KGW, Bd.19, S. 165

317. Ebd., S. 284, vgl. KGW, Bd.18, Brief 1102

318. Ebd., S. 292, vgl. KGW, Bd.18, Brief 1111

319. KGW, Bd.18, Briefe 1096, 1098, 1101

320. Briefe II, S. 307f., vgl. KGW, Bd.11,1, S. 469ff.

321. Ebd., S. 291, vgl. KGW, Bd.18, Brief 1111

322. Ebd., S. 285, vgl. KGW, Bd.18, Brief 1105

323. Vgl. ebd., S. 289, KGW, Bd.18, Brief 1111

324. Ebd., S. 297ff., vgl. KGW, Bd.18, Brief 1116

325. Ebd., S. 294ff., vgl. KGW, Bd.18, Brief 1115

326. Ebd., S. 313, vgl. KGW, Bd.18, Brief 1120

327. Vgl. KGW, Bd.19, S. 176ff.

328. Briefe II, S. 316, vgl. KGW, Bd.18, Brief 1134

329. Ebd., S. 316, vgl. KGW, Bd.18, Brief 1134

330. Ebd., S. 318f., vgl. KGW, Bd.18, Brief 1135

331. Ebd., S. 323, vgl. KGW, Bd.18, Brief 1144

332. Ebd., S. 329

333. Ebd., S. 323, vgl. KGW, Bd.18, Brief 1144

334. Ebd., S. 325f., KGW, Bd.18, Brief 1145

335. Ebd., S. 334, vgl. KGW, Bd.18, Brief 1146

336. KGW, Bd.19, S. 393

337. Briefe II, S. 326

338. Vgl. Hon: On Keplers's Awareness of the Problem of Experimental Error, S. 547

339. Vgl. u. a. Briefe I, S. 21

340. Vgl. Stephan Füssel (Hg.): Astronomie und Astrologie in der frühen Neuzeit. Nürnberg 1990, S. 7f.

341. Friedrich Cramer: Chaos und Ordnung. Frankfurt a. M. 1993, S. 184f.

年　表

1571 年	12 月 27 日，开普勒出生于帝国自由城市魏尔德斯塔特城。
1573 年	开普勒的父亲离开家庭，为西班牙王朝效力，参与对战尼德兰的战争。
1575 年	开普勒母亲离家寻找父亲，开普勒患上天花。父母随后在同年返回，全家搬至符腾堡的莱昂贝格。
1577 年	开普勒在莱昂贝格学习德语阅读和写作课程。
1578 年或 1579 年	开普勒进入拉丁语学校。
1579 年	全家搬至埃尔门丁根，租用一座房子并经营一家旅馆。
1582 年	开普勒进入二年级。

1583 年	开普勒在这一年开始的冬天完成拉丁语学校的三年级课程。全家返回莱昂贝格。5 月 17 日，开普勒在斯图加特通过了国家考试。
1584 年	10 月 16 日，开普勒被阿德尔贝格修道院学校录取。
1586 年	完成阿德尔贝格的结业考试，11 月 26 日进入毛尔布龙修道院学校。
1588 年	9 月 26 日，开普勒在蒂宾根通过结业考试，并返回毛尔布龙度过最后一年。
1589 年	9 月 17 日，开普勒在蒂宾根获得奖学金，开启在艺学部的学习生涯。
1590 年	开普勒的父亲海因里希·开普勒去世。
1591 年	8 月 11 日，开普勒结束在艺学部的学习，获艺学硕士学位，开始学习神学。
1594 年	开普勒接受了在格拉茨新教神学校担任数学教授的教职并中断了他的神学学业，于 11 月 4 日到达格拉茨。
1595 年	写作《宇宙的奥秘》。
1596 年	1 月初开普勒前往蒂宾根印刷《宇宙的奥秘》并在夏天返回格拉茨。
1597 年	《宇宙的奥秘》出版。4 月 27 日，开普勒与芭芭拉·米勒结婚，此后撰写自我性格分析。

1598 年	长子海因里希出生，同年离世。施蒂利亚开始反宗教改革，9月末，新教神学学院、教堂和学校职员遭驱逐，仅有开普勒一人得以返回格拉茨。
1599 年	女儿苏珊娜出生，同年离世。
1600 年	前往布拉格的贝纳特克城堡拜访第谷·布拉赫，两人存在分歧但提出合作。开普勒于6月返回格拉茨，9月中旬遭驱逐出境，10月19日抵达布拉格，抵达时患有疟疾。其后受第谷委托撰写《赞同第谷，反对乌尔苏斯的辩护书》。
1601 年	岳父去世后，前往格拉茨并攀登舍克尔峰。9月返回布拉格。鲁道夫二世皇帝委托第谷和开普勒出版《鲁道夫星表》。10月24日，第谷·布拉赫去世，此后被任命为皇家数学家，并出版《论占星术的更可靠基础》。同年开始撰写《喜帕恰斯，或论太阳和月球的大小》以及《补遗威特罗，天文学中的光学部分》，并持续数年。
1602 年	7月7日，女儿苏珊娜出生。
1604 年	出版《补遗威特罗，天文学中的光学部分》，并在秋天出版《关于1604年10月出现的一颗异常新星的详细报告》。开始研究火星轨道。12月3日，儿子弗里德里希出生。
1606 年	《天鹅座第三等星》与《关于我们的救主耶稣基督的真正诞生年》一同附于《蛇夫座脚下的新星》出版。

1607 年	开普勒观测到太阳黑子，他认为这是水星凌日。12 月 21 日，儿子路德维希·开普勒出生。
1608 年	发布《关于 1607 年 9 月和 10 月份出现的新彗星及其含义的详细报告》。
1609 年	出版《水星凌日之异象》。前往海德堡监督印刷《新天文学》，随后前往法兰克福春季书展，经符腾堡返回，并在秋天出版《对医生兼哲学家赫利萨乌斯·罗斯林〈关于当今时代性质的评论〉的回应》。
1610 年	出版《第三方介入者》。伽利略在《星际信使》中宣布发现了四颗新行星，随后开普勒在《对话星际信使》中将它们认定为木星的卫星。伽利略观测到土星环和金星的相位。开普勒着手写作《折射光学》。
1611 年	《折射光学》出版。《新年礼物或论六角形雪花》作为新年礼物出版。2 月 19 日，儿子弗里德里希去世，7 月 3 日，妻子芭芭拉去世。与林茨地方议会签订工作合同。
1612 年	1 月 20 日，鲁道夫二世去世，开普勒获得了马蒂亚斯皇帝的认可，被任命为皇家数学家，并成为林茨的地方数学家。被禁止参与圣餐礼。
1613 年	在雷根斯堡的国会上担任日历问题专家。10 月 30 日，开普勒与苏珊娜·罗伊廷格结婚。写作《测量酒桶体积之新法》。《关于我们的救主耶稣基督的真正诞生年》在斯特拉斯堡出版。

1614 年	继续有关《鲁道夫星表》和上奥地利地图的工作，并出版《基督诞生年小书》。
1615 年	1月7日，女儿玛格丽特·雷吉娜出生，2月27日，弟弟小海因里希去世。《测量酒桶体积之新法》和《编年纪选集》出版。母亲卡塔琳娜在莱昂贝格被指控为女巫。
1616 年	通过信件参与了对母亲的法律诉讼，并为她找到律师。出版《阿基米德古老测量艺术摘要》并写作《哥白尼天文学概要》。
1617 年	7月31日，女儿卡塔琳娜出生，9月8日，女儿玛格丽特·雷吉娜去世。同年，继女雷吉娜去世。开普勒前往符腾堡。发布"1618 年星历表"。完成《哥白尼天文学概要》的第一部分。12月返回林茨。
1618 年	2月9日，女儿卡塔林娜去世，开普勒此后完成了《世界的和谐》的写作。5月15日，即"三十年战争"爆发的前8天，发现了他的第三个行星定律。"1617 年星历表"因故延迟出版。《哥白尼天文学概要》的前三卷在林茨出版。
1619 年	1月28日，儿子塞巴尔德出生。3月20日，马蒂亚斯皇帝去世。8月28日，斐迪南二世加冕为皇帝。《宇宙的和谐》的第5卷和《有关彗星的三篇论文》出版。开普勒写下《信仰告白及拒绝所有因此而产生的不幸谣言》。哈芬雷弗确认将禁止开普勒参与圣餐礼。"1620 年星历表"问世。

1620年	"1619年星历表"及《哥白尼天文学概要》的第4卷出版。8月7日,母亲被捕。前往符腾堡为其辩护,将家人留在了雷根斯堡。
1621年	1月22日,女儿科尔杜拉出生。关于1620年和1621年的日食报告出版。《哥白尼天文学概要》的第5至第7卷在法兰克福秋季博览会上发布,同时还重印了《宇宙的奥秘》10月3日,母亲被宣判无罪。随后开普勒返回林茨,获悉自己被确认为帝国数学家。
1622年	重新修订《月之梦》,并撰写《千对数表》,该书于1624年出版。投入《鲁道夫星表》的工作。在林茨,天主教的反宗教改革运动兴起。4月13日,母亲去世。
1623年	1月24日,儿子弗里德玛出生。发表《有关1623年7月土星和木星在狮子座的大合相的探讨》。6月15日,儿子塞巴尔德去世。开普勒继续致力于《鲁道夫星表》的工作,一直持续到下一年。
1624年	开普勒写下《捍卫丹麦人第谷·布拉赫免受西庇阿·基亚拉蒙蒂攻击的辩护书》并在秋季前往维也纳,寻求资金出版《鲁道夫星表》。
1625年	1月,从维也纳返回。4月6日,儿子希尔德伯特出生。开普勒前往奥格斯堡、肯普滕、梅明根和纽伦堡,筹措资金用于出版《鲁道夫星表》,随后返回林茨。10月20日,宗教管制特许状在上奥地利引发农民起义。新教徒受到骚扰和驱逐,开普勒及其同事得以豁免出境。

1626 年	农民起义蔓延到林茨。约翰内斯·普朗克的印刷厂遭受火灾。开普勒离开林茨,前往乌尔姆印刷《鲁道夫星表》,而家人暂时留在雷根斯堡。
1627 年	忙于印刷《鲁道夫星表》。随后带着首批印刷的副本前往法兰克福秋季博览会,也开始寻找新的岗位。此后前往乌尔姆,并返回雷根斯堡与家人团聚,随即再次前往布拉格,将《鲁道夫星表》呈交皇帝。
1628 年	华伦斯坦为开普勒提供了在萨根担任数学家的职位。开普勒接受了这一职位,并于 7 月底搬到萨根,并与雅各布·巴尔奇合作编写星历。
1629 年	出版"赠品"和《关于 1631 年的一些罕见和奇特的天文现象》(*De raris mirisque anni 1631 phaenomenis*)。在萨根建立自己的印刷厂。
1630 年	印刷从 1621 年到 1636 年的星历表以及《月之梦》的部分内容。苏珊娜·开普勒和雅各布·巴尔奇在斯特拉斯堡结婚,4 月 18 日,开普勒的女儿安娜·玛丽亚出生。9 月 13 日,华伦斯坦被解雇,引起开普勒警觉。前往莱比锡和纽伦堡并返回雷根斯堡,11 月 15 日于雷根斯堡去世。

评 价

塞缪尔·巴特勒

月亮上的大象[①]

（一个"有德行的博学社会"去探索月球，可能是为了在那里建立殖民地）。

要不是德意志人开普勒发现月球上有人定居[②]，有国家，有居民，有军队，还有大象，那么这项任务将徒劳无功……

引自玛乔丽·霍普·尼科尔森:《月球之旅》

纽约，1948 年，第 47 页及后页

格奥尔格·威廉·弗里德里希·黑格尔

众所周知，绝对自由运动定律是由开普勒发现的；

---

① 塞缪尔·巴特勒（Samuel Butler）的讽刺诗，描述的是老鼠被困在一个望远镜里，一群科学家观测时误以为是大象在月亮上，并认为有人在月球上打仗。
② 此处所指为开普勒的小说《月之梦》中的内容。

这是一项不朽的发现。开普勒找到了这些定律对经验数据的一般表达，他证明了这些定律……。后来人们普遍认为是牛顿首先发现了这些定律。很难想象属于首创者的名声就这样给了其他人，这多么不公。

见：《哲学科学百科全书纲要》§270：二十卷全集，第 9 卷

法兰克福，1970 年，第 86 页

弗里德里希·荷尔德林

开普勒

思绪在星空流连，

向着幽深的天王星，

徘徊其上，沉思不休，

踽踽独行，无所畏惧，

铁一般的步履依赖这轨道……

见：由弗里德里希·拜斯纳编辑出版的《全集》，第 1 卷

斯图加特，1944 年，第 80 页

诺瓦利斯

对象越广，爱则越大。绝对的对象引向绝对的爱。我向你致以敬意，高贵的开普勒，你的高尚理念构建了一个灵性的、道德的宇宙，然而在我们这个时代，智慧被认为是摧毁一切高尚而并非提升低劣，还使人类的精

神屈居机械法则之下。

见：断片与研究，第 92 号断片，见《诺瓦利斯全集》

由格哈德·舒尔茨编辑出版

慕尼黑，1969 年，第 407 页

弗里德里希·施莱格尔

德国艺术家没有特定的性格，或者说，不是阿尔布雷希特·丢勒、约翰内斯·开普勒、汉斯·萨克斯、路德和雅各布·波墨这些人物之一的性格：正派、真诚、严谨、精确和深刻，同时又是纯真和有些笨拙。

见:《雅典娜神殿》，第 III 卷，第 1 号

1800 年，第 25 页

阿达尔贝特·施蒂弗特

在林茨，曾经生活过一个受到道德责难的人，我经常在这里怀着敬畏之情追随他的足迹，……天文学家开普勒在这里发现了行星运动的定律，但地方议会指责他耽于幻想，没有履行测量土地的职责。地方议会的批评并非全无道理，因为开普勒的薪水来自土地测量工作，而不是他的天文学研究。

1858 年 7 月 29 日致古斯塔夫·赫肯斯特的信

见:《全集》，由古斯塔夫·威廉编辑出版，第 19 卷

希尔德斯海姆，1972 年版，第 130 页

阿图尔·克斯特勒

（对开普勒《新天文学》发表评论）我们是现代概念上渐渐浮现出的"力"和"辐射能"的见证者，这两个概念既代表物质，也代表非物质，但细究起来，它们和它们所取代的神秘主义观点一样，都是模棱两可、令人困惑的。

见:《夜行者——宇宙图景的时代变迁》

柏林，慕尼黑，维也纳，1959 年，第 259 页

赫伯特·克勒默

根据库仑定律，

在开普勒椭圆轨道上，

电子愉快地围绕着正电核而奔波。

然而，和一般情况下一样，

只允许有离散的轨迹。

……

见:《数学诗集》

亚琛，1962 年，第 20 页

卡尔·弗雷德里希·冯·魏茨泽克

但对古代天文学来说，以及对哥白尼来说，天体在

精确的圆周上运动是一个神圣的真理。圆是最完美的曲线，天体是最完美的天体；在某些世界观中，它们甚至被视为神力或天使的力量。在我们这个时代，我们几乎不能想象，人们认为这些完美的天体进行不完美的运动是对神明的严重亵渎。这迫使天文学家在其体系中引入一些限制，使它们不那么灵活，而这并不必要。

见:《科学的广度》第 1 卷

斯图加特，1973 年第 4 版，第 102 页

威廉·文德尔班

现代自然科学脱胎于毕达哥拉斯经验主义。列奥纳多·达·芬奇已经看到了这一任务，而开普勒则首先解决了这一问题，他研究的心理动机是对宇宙数学秩序的哲学信念，他通过伟大的直觉发现了行星运动的规律，从而证实了这一点。

见:《哲学史教程》蒂宾根

1976 年第 16 版，第 332 页

鲁道夫·阿恩海姆

圆锥曲线理论的历史是创造性思维泛化的典范。……例如，开普勒、德萨格（Desargues）和彭赛列（Poncele）在发展圆锥曲线理论时，他们的数学思维中

就出现了这种泛化。他们发现，一些独立的几何图形可以归结为一个公分母。但他们是如何着手的呢？他们利用了归纳法吗？他们在圆、椭圆和双曲线中寻找共同特征了吗？新的、更普遍的概念是否包含这些共同特征？

不，截然不同。自古以来，这些基本几何图形都是有用的、独立的东西。然而现在，一个新的视觉整体出现了，即圆锥体及其剖面，以前互不相关的图形可以作为部分插入其中。对这些图形结构特性的新理解来自它们在连续的形体序列中与相邻图形之间的关系，以及它们在圆锥体整体形体中的位置。因此，这种泛化是通过发现一个全面的整体而进行的结构调整。

见:《形象思维：图像与概念的统一》

科隆，1977 年

海因里希·海涅

什么是施瓦本学派？不久前，我亲自向几个旅行的施瓦本人提出了这个问题，并请求他们提供解释。他们一直不愿透露真相，还以一种奇怪的微笑回应。最初，我天真地认为，施瓦本学派是指那些从施瓦本本土涌现出的伟大人物，就像是一片巨大的树林，根植在施瓦本本土，树干一直延伸到地球的中心，树梢高高耸立直插星空……于是我问："难道那位创造了《强盗》的狂野创作者席勒不包括在内吗？""不"，回答是"他与我们毫无关系"，那些"强盗诗人"不属于施瓦本学派；我们有着井然有序的方式，而席勒早早地就被逐出了这片土地。……（谢林也不被认为属于施瓦本学派，正如黑格尔和大卫·斯特劳斯也不被认为属于施瓦本学派）

但是天哪，我几乎列举了施瓦本本地的所有重要名字，一直追溯到古代，直到开普勒，那位了解整个天空伟大星象的天文学家，一直追溯到霍亨斯陶芬家族，他们在地球上如此辉煌，像是德意志帝国在尘世的太阳，那究竟有谁属于施瓦本学派？

好吧，他们回答我，我们将告诉您真相：您刚刚列举的那些名人更像是欧洲名人，他们在某种程度上已经移居出去并强加于国外，而施瓦本学派的名人们鄙视这种国际化，他们安土重迁，更喜欢舒舒服服地待在家中，更愿意赏着黄色桂竹香花，喝着传统的施瓦本肉汤。现在我终于明白了那些自称为施瓦本学派的著名人物有多么谦逊。……

《施瓦本之镜》。见《有关德国的著作》
第4卷，法兰克福，1968年，第318页及后页

参考文献

书目

Caspar, Max（Hg.）: Bibliographia Kepleriana. München 2 1968. （Die zweite, von Martha List bearbeitete Auflage der Bibliographia Kepleriana enthält die Liste der Erstdrucke, späterer Ausgaben und der Sekundärliteratur bis 1966）

List, Martha: Bibliographia Kepleriana 1967—1975. In: Arthur und Peter Beer: Kepler–Four Hundred Years. Vistas in Astronomie Vol. 18, Oxford 1975, S. 955—1010

List, Martha: Bibliographia Kepleriana 1975—1978. In: Vistas in Astronomy Vol. 22, Oxford 1978, S. 1—18

全集

Joannis Kepleri Astronomi Opera omnia edidit Christian Frisch. 8 Bde., Frankfurt a. M., Erlangen 1858—1871

Johannes Kepler: Gesammelte Werke. 22 Bände, hg. im Auftrag der deutschen Forschungsgemeinschaft und der Bayerischen Akademie der Wissenschaften, München 1937ff.（noch nicht abgeschlossen）

晚近发现的印刷品和手稿

Nova Kepleriana: Wiederaufgefundene Drucke und Handschriften von Johannes Kepler. Hg. von der Bayerischen Akademie der Wissenschaften, Bd. 1—9, München 1910—1936

Nova Kepleriana–Neue Folge. Hg. von der Bayerischen Akademie der Wissenschaften, München 1969ff.

单行本

Das Weltgeheimnis [Mysterium cosmographicum, Tübingen 1597]. Hg. und übersetzt von Max Caspar, Augsburg 1923 und München, Berlin 1936

A Defence of Tycho against Ursus [Apologia pro Tychone contra Ursum, verfaßt1600/01, unvollendet]. In: Nicholas Jardine: The Birth of History and Philosophy of Science. Cambridge 1984

Von den gesicherten Grundlagen der Astrologie (De fundamentis astrologiae certioribus 1601), Mössingen 1999

Grundlagen der geometrischen Optik im Anschluß an die Optik des Witelo [Ad Vitellionem paralipomena, 1604]. Übersetzt von Ferdinand Plehn, hg. von Moritz v. Rohr. Leipzig 1922

Über den neuen Stern im Fuß des Schlangenträgers (De stella nova in pede serpentarii 1606), Würzburg 2006

Neue Astronomie [Astronomia Nova, 1609]. Übersetzt und eingeleitet von Max Caspar. München, Berlin 1929, Neudruck, hg. von Fritz Krafft, Wiesbaden 2005

Tertius interveniens: Warnung an etliche Gegner der Astrologie, das Kind nicht mit dem Bade auszuschütten. Hg. von Jürgen Hamel, Frankfurt a. M. 2004

Calendarium. De Nive. Sidereus nuncius. Hg. von Anton Sommer.

Wien 2006

Vom sechseckigen Schnee / Strena seu de nive sexangula [Frankfurt a. M. 1611], Leipzig 1987

Dioptrik [Dioptrice 1611]. Übersetzt und hg. von Ferdinand Plehn. Leipzig 1904

Neue Stereometrie der Fässer [Nova stereometria doliorum vinariorum, Linz 1615]. Hg. von R. Klug. Leipzig 1908

Unterricht vom H. Sacrament des Leibs und Bluts Jesu Christi unseres Erlösers [anonym Prag 1617]. Bearbeitet von Jürgen Hübner, in: Nova Kepleriana N. F. Heft 1. München 1969

Doctrina Sphaerica. Pars I 1618. Hg. von Anton Sommer. Wien 2007

Doctrina Sphaerica Pars II 1618. Hg. von Anton Sommer. Wien 2007

Epitome astronomiae Copernicanae [1618—1621]. Auszüge in englischer Übersetzung in: Great Books of the Western World, Vol. 16, hg. von Robert Maynard Hutchins. Chicago 1975

Weltharmonik [Harmonice mundi, 1619]. Übersetzt und eingeleitet von Max Caspar. München 1939, Neudruck München 2006

Kosmische Harmonie [Auszüge aus den Büchern 3, 4 und 5 der «Harmonicemundi»]. Hg. und übertragen von Walter Harburger, Leipzig 1925, Neudruck Frankfurt a. M. 1980

Das Glaubensbekenntnis [Straßburg 1623]. Hg. von Walther v. Dyck. München 1912

Keplers Traum vom Mond [Somnium seu opus posthumum de astronomia Lunari, Frankfurt a. M. 1634]. Hg. von Ludwig Günther. Leipzig 1898

书信及自白

Caspar, Max; Walther v. Dyck (Hg.): Johannes Kepler in seinen Briefen. 2 Bde., München 1930

Hammer, Franz（Hg.）: Johannes Kepler–Selbstzeugnisse. Stuttgart-Bad Cannstatt 1971

Krafft, Fritz（Hg.）: Was die Welt im Innersten zusammenhält: Antworten aus Keplers Schriften. Wiesbaden 2005

List, Martha（Hg.）: Johannes Kepler: Der Mensch und die Sterne– Aus seinen Werken und Briefen. Wiesbaden 1953

–; Ruth Breitsohl-Klepser（Hg.）: Heiliger ist mir die Wahrheit. Johannes Kepler aus dem Nachlaß. Stuttgart 1976

传记及文件汇编

Baumgardt, Carola: Johannes Kepler, Leben und Briefe. Eingeleitet von Albert Einstein, Wiesbaden 1953

Bialas, Volker: Johannes Kepler. München 2004

Breitschwert, Johann Ludwig Christian: Johannes Kepplers Leben und Wirken, nach neuerlich aufgefundenen Manuscripten bearbeitet. Stuttgart 1831

Caspar, Max: Johannes Kepler. Stuttgart 1948

Depondt, Philippe; Guillemette de Véricourt: Kepler: l'orbe tourmenté d'un astronome. Rodez 2005

Gerlach, Walther; Martha List: Johannes Kepler 1571 Weil der Stadt–1630 Regensburg. Dokumente zu Lebenszeit und Lebenswerk. München 1971

Hansch, Michael Gottlieb: Joannis Keppleri Vita. In: Joannis Keppleri aliorumque Epistolae mutuae, Leipzig 1718

Reitlinger, Edmund; C. W. Neumann; C. Gruner: Johannes Kepler. Stuttgart 1868

Schmidt, Justus: Johann Kepler. Sein Leben in Bildern und eigenen Berichten. Linz 1970

Wattenberg, Diedrich: Weltharmonie oder Weltgesetz–Johannes

Kepler. BerlinTreptow 1972

Wollgast, Siegfried; Siegfried Marx: Johannes Kepler. Köln 1977

纪念出版物

Akademischer Senat der Karl-Franzens-Universität（Hg.）: Johannes Kepler 1571 — 1971. Gedenkschrift der Universität Graz. Graz 1975

Beer, Arthur, Peter Beer（Hg.）: Johannes Kepler, Four Hundred Years. Proceedings of Conferences held in Honour of J. Kepler. In: Vistas in Astronomy, Vol. 18. Oxford 1975

Bialas, Volker, u. a.: Johannes Kepler zur 400. Wiederkehr seines Geburtstages: In: Deutsches Museum. Abhandlungen und Berichte, 39. Jg. 1971, Heft 1

Bookmann, Friederike（Hg.）: Miscellanea Kepleriana: Festschrift für Volker Bialas zum 65. Geburtstag. Augsburg 2005

Krafft, Fritz, u. a.: Internationales Kepler-Symposium 1971. In: Arbor Scientiarum, Reihe A, Bd. 1, Hildesheim 1973

Maaß, Jürgen（Hg.）: Kepler-Symposium Philosophie und Geschichte der Mathematik 1995 — 2005. Linz 2005

Naturwissenschaftlicher Verein Regensburg（Hg.）: Kepler-Festschrift Regensburg 1971. In: Acta Albertina Ratisbonensia, Bd. 32, Regensburg 1971

Philosophia Naturalis（Bd. 13, Heft 1）: Zur 400. Wiederkehr des Geburtstages von Johannes Kepler. Meisenheim/Glan 1971

调查研究

Baigrie, Brian S.: Kepler's Laws of Planetary Motion, before and after Newton's Principia. An Essay on the Transformation of Scientific Problems. In: Studies in History and Philosophy of Science, Vol. 18 [N 2], 1987, S. 177 — 208

–: The Justification of Kepler's Ellipse, in: Studies in History and Philosophy of Science Vol. 21 [N 4]. 1990, S. 633—664

Brackenridge, J. Bruce: Kepler, Elliptical Orbits, and Celestial Circularity: A Study in the Persistence of Metaphysical Commitment. In: Annals of Science 39 (1982), S. 117—143 und S. 265—295

Caspar, Max: Johannes Keplers wissenschaftliche und philosophische Stellung. In: Schriften der Corona 13, München 1935

–: Kopernikus und Kepler. München 1943

Cassirer, Ernst: Das Erkenntnisproblem in der Philosophie und Wissenschaft der neueren Zeit. Berlin 1911, Nachdruck Darmstadt 1971

Cifoletti, G.: Kepler de Quantitatibus. In: Annals of Science, Vol. 43. [N 3], 1986, S. 213—238

Crombie, A. C.: Expectation, Modeling and Assent in the History of Optics. 2. Kepler and Descartes. In: History and Philosophy of Science, Vol. 22 [N 1], 1991, S. 89—115

Dickreiter, Michael: Der Musiktheoretiker Johannes Kepler. Neue Heidelberger Studien zur Musikwissenschaft, Bd. 5, Bern, München 1972

Döring, Detlef: Die Beziehung zwischen Johannes Kepler und dem Leipziger Mathematikprofessor Philipp Müller. Berlin 1986

Ferguson, Kitty: Tycho and Kepler: The Unlikely Partnership that Forever Changed our Understanding of the Heavens. New York 2002

Field, Judith V.: Kepler's Geometrical Cosmology. London 1988

–: A Lutheran Astrologer–Johannes Kepler. In: Archive for History of Exact Sciences, Vol. 31 [N 3], 1984, S. 189—272

Franklin, A.; C. Howson: Newton and Kepler–A Bayesian Approach. In: Studies in History and Philosophy of Science, Vol. 16 [N 4], 1985, S. 379—385

Freiesleben, Hans Christian: Kepler als Forscher. Darmstadt 1970

Füssel, Stephan (Hg.): Astronomie und Astrologie in der frühen Neuzeit.

In: Pirckheimer-Jahrbuch, Bd. 5, 1989/90

Gerlach, Walther: Johannes Kepler und die Copernicanische Wende. In: Nova Acta Leopoldina N. F., Bd. 37/2, Halle/Saale 1973

–: Humor und Witz in den Schriften von J. Kepler. In: Sitzungsberichte der Bayerischen Akademie der Wissenschaften (math.-naturwiss. Klasse), München 1968

Gingerich, Owen: The Eye of Heaven. Ptolemy, Copernicus, Kepler. Masters of Modern Physics. Berlin 1997

Gipper, Helmut: Denken ohne Sprache? [darin: Fallstudie Johannes Kepler] Düsseldorf 1978, S. 125 — 165

Goldbeck, Ernst: Keplers Lehre von der Gravitation. Halle/Saale 1896, Neudruck Hildesheim 1980

Grasshof, Gerd; Hubert Treiber: Naturgesetz und Naturrechtsdenken im 17. Jahrhundert. Kepler, Bernegger, Descartes, Cumberland. Baden-Baden 2002

Hallyn, Fernand: The Poetic Structure of the World. New York 1990

Hammer, Franz; Georg Trump: Weil der Stadt und Johannes Kepler. Stuttgart 1960

–: Johannes Keplers Ulmer Jahr. In: Ulm und Oberschwaben, Bd. 34, 1955, S. 80ff.

Hasan, Heather: Kepler and the Laws of Planetary Motion. New York 2005

Hawking, Stephen W. (Hg.): On the Shoulders of Giants. The Great Works of Physics and Astronomy. London 2004

Holton, Gerald: Thematic Origins of Scientific Thought. Kepler to Einstein. Cambridge/Mass. 1973

–: The Scientific Imagination–Case Studies. Cambridge/Mass. 1978

Hon, Giora: On Kepler's Awareness of the Problem of Experimental Error. In: Annals of Science, Vol. 44 [N 6], 1978, S. 545 — 591

Hübner, Jürgen: Die Theologie Johannes Keplers zwischen Orthodoxie und Naturwissenschaft. Tübingen 1975

Jardine, Nicholas: The Birth of History and Philosophy of Science. Kepler, A Defence of Tycho against Ursus with Essays on its Provenance and Significance. Cambridge 1984

–: Forging of Modern Realism. Clavius and Kepler against the Sceptics. In: Studies in History and Philosophy of Science, Vol. 10, 1979, S. 141—173

Kleiner, Scott A.: A New Look at Kepler and Abductive Argument. In: Studies in History and Philosophy of Science, Vol. 14, 1983, S. 279—313

Koyré, Alexandre: A Documentary History of the Problem of Fall from Kepler to Newton. Philadelphia 1955

–: The Astronomical Revolution. Copernicus, Kepler, Borelli. New York 1992

Lindberg, David C.: Auge und Licht im Mittelalter–Die Entwicklung der Optik von Alkindi bis Kepler. Frankfurt a. M. 1987

–: The Genesis of Kepler's Theory of Light–Light Metaphysics from Plotinus to Kepler. In: Osiris, Vol. 2, S. 5—42

List, Martha: Der handschriftliche Nachlaß der Astronomen Johannes Kepler und Tycho Brahe. In: Veröffentlichungen der Deutschen Geodätischen Kommission, Reihe E, Nr. 2. München 1961

Martens, Rhonda: Kepler's Philosophy and the New Astronomy. Princeton, N. J. 2000

Methuen, Charlotte: Kepler's Tübingen: Stimulus to a Theological Mathematics. Brookfield 1998

Moulines, C.: Intertheoretic Approximation–The Kepler-Newton Case. In: Synthese, Vol. 45, 1980, S. 387—412

Oeser, Erhard: Kepler. Die Entstehung der neuzeitlichen Wissenschaft. Göttingen 1971

Pauli, Wolfgang: Der Einfluß der archetypischen Vorstellungen auf die Bildung naturwissenschaftlicher Theorien bei Kepler. In: Naturerklärung und Psyche,Bd. IV., Zürich 1952, S. 109ff.

Pesic, Peter: Die Spione im Unendlichen: Kepler, Newton, Einstein und die Geheimnisse des Universums. Stuttgart 2003

Rosen, Edward: Kepler's Attitude toward Astrology and Mysticism. In: Brian Vickers, s. u.

–: Kepler's Early Writings. In: Journal of the History of Ideas, Vol. 46, 1985, S. 449—454

–: Three Imperial Mathematicians. Kepler trapped between Tycho Brahe and Ursus. New York 1986

Rossi, Paolo: Die Geburt der modernen Wissenschaft in Europa. München 1997

Samsonow, Elisabeth von: Die Erzeugung des Sichtbaren–Die philosophische Begründung naturwissenschaftlicher Wahrheit bei Johannes Kepler. München 1986

Schaffer, Ekkehart: Die pythagoreische Tradition: Studien zu Platon, Kepler und Hegel. Köln, Weimar, Wien 2004

Seck, Friedrich: Kepler und Tübingen. Eine Ausstellung zum 400. Geburtstag von Johannes Kepler. Tübingen 1971

–: Das Kepler-Museum in Weil der Stadt. Weil der Stadt 1982

Seife, Charles: Die Suche nach Anfang und Ende des Kosmos. Berlin 2004

Steiner, George: Der Meister und seine Schüler. München 2004

Stephenson, Bruce: Kepler's Physical Astronomy. Berlin 1987

Straker, S.: Kepler, Tycho and the Optical Part of Astronomy. The Genesis of Kepler's Theory of Pinhole Images. In: Archive for the History of Exact Sciences, Vol. 24, 1981, S. 267—293

Sutter, Berthold: Johannes Kepler und Graz. Graz 1975

–: Der Hexenprozeß gegen Katharina Kepler, Weil der Stadt 1979

Trunz, Erich: Wissenschaft und Kunst im Kreise Kaiser Rudolfs II. 1576—1612. Neumünster 1992

Vickers, Brian W.: Occult and Scientific Mentalities in the Renaissance. Cambridge 1984

Wacker, D. P.: Kepler's Celestial Music. In: Journal of the Warburg and Courtauld Institute, Vol. 30, London 1967

Walter, Kurt: Johannes Kepler und Tübingen. Tübingen 1971

Weizsäcker, Carl Friedrich von: Kopernikus, Kepler, Galilei. Zur Entstehung der neuzeitlichen Wissenschaft. In: Einsichten: Gerhard Krüger zum 60. Geburtstag. Frankfurt a. M. 1962

Wilson, Curtis: Astronomy from Kepler to Newton–Historical Studies. London 1989

Wollgast, Siegfried: Zum philosophischen Weltbild J. Keplers, in: Deutsche Zeitschrift für Philosophie 1 (21), 1973, S. 100—110

Württembergische Kommission für Landesgeschichte (Hg.): Geschichte des humanistischen Schulwesens in Württemberg. 3 Bde., Stuttgart 1912—28

Ziche, Paul; Petr Rezvykh; Daniel A. DiLiscia: Schelling und die Kepler-Rezeption im 19. Jahrhundert. Stuttgart 2007

对单个作品的研究

Bialas, Volker: Die Rudolphinischen Tafeln von Johannes Kepler. In: Nova Kepleriana N. F., Bd. 2, 1969

–: Materialien zu den Ephemeriden von J. Kepler. In: Nova Kepleriana NF, Bd. 7, 1980

Drake, Stillman; Charles D. O'Malley: The Controversy on the Comets of 1618–Galilei, Grassi, Guiducci, Kepler. Philadelphia 1960

Field, Judith V.: Two Mathematical Inventions in Kepler ad

Vitellionem Paralipomena. In: Studies in History and Philosophy of Science, Vol. 17 [N 4], S. 449—468

Gaulke, Karsten: Observationes huius novae Stellae: Das Verhältnis von Beobachtung und Hypothese in Johannes Keplers Werk «De Stella Nova» von 1604. Stuttgart 2004

Haase, Rudolf: Keplers Weltharmonik heute. Ahlerstedt 1989

Rosen, Edward: Kepler's Somnium. Madison/Wisc. 1967

Schwaetzer, Harald: «Si nulla esset in terra anima»: Johannes Keplers Seelenlehre als Grundlage seines Wissenschaftsverständnisses; ein Beitrag zum vierten Buch der Harmonice Mundi. Hildesheim, Zürich, New York 1997

Swinford, Dean: Through the Daemon's Gate: Kepler's Somnium, Medieval Dream Narratives, and the Polysemy of Allegorical Motifs. New York 2006

作者简介

梅希特希尔德·莱姆克（Mechthild Lemcke），1951年生，自由作家，获哲学、历史和文学学位，现居美因河畔法兰克福。

已出版作品:《黑格尔在蒂宾根》（*Hegel in Tübingen*），与克里斯塔·哈克内施（Christa Hackenesch）合著，1984年出版于蒂宾根。《青年哲学百科全书》（*Jugendlexikon Philosophie*），与 H. 德尔福（H. Delf）、G. 格奥尔格 - 劳尔（J. Georg-Lauer）、C. 哈克内施（C. Hackenesch）合著，1988年出版于赖恩贝克。

译者后记

　　开普勒这个名字对于我们大多数人来说肯定并不陌生，但很多人对他的印象也只是停留在"天文学家""数学家""三大定律创始人"这样泛泛的名号。在翻译此书并对这位命运多舛的皇家数学家多一些阅读和了解之后，对我而言，如果只允许用一个汉字来评价开普勒其人的话，我一定会去选择"真"。如果要再加上一个修饰词，那就是"举世无双"，至少对16、17世纪的欧洲而言，开普勒就是在天文科学领域的举世无双之人，他曾被历史所埋没，但他在科学革命的浪潮中功昭日月，光耀后世，值得我们铭记。与此同时，他也是历史转折中一个真实而平凡的人。

　　这部力求真实的评传给读者们展示出的是一个坦率

真诚、追求真理的开普勒形象。开普勒在自我分析中敢于自曝其短，把自己的性格缺点用生动的语言剖析得淋漓尽致，毫不掩饰；在对待自己初期作品中的学术错误时，他辛辣点评"这句脱口而出的话实在太滑稽了"；在作品及思想受到怀疑之时，他始终勤恳地修正，甚至分析了自己怎么犯的错及如何避免再错。开普勒对哈芬雷弗、马斯特林、第谷等师长信任有加，他与赫瓦特、伯内格等朋友真诚来往，对伽利略、马吉尼等学界同仁慷慨大度。

书中不仅对开普勒伟大思想的形成作了具体的刻画，还展示了开普勒作为那个时代的一个孩子、一位父亲、一个儿子、一位研究员的生活点滴：儿时感染天花并因此视力受损，给家里干农活且会去父母亲的旅馆帮忙，上学时受到校园霸凌，但他靠着越来越强大的理想与信念走出阴霾。成为父亲后他力求平衡工作与生活，在为家庭打点财产及操办大事上均尽心尽力。在母亲受到不实指控时，他抓住符合常理的坚实论据为母亲讨回公道。工作生涯中，他多次因社会动荡而背井离乡，造成了一些遗憾，但也给他带来了新的研究机遇。在研究天文猜想的同时，他会用数学天赋帮助解决生活中的测量问题，作为学术研究人，他经常与印刷厂沟通协调出版工作，还会积极应对身边各种人对其工作的误解。有时，在出版资助尚未落定的情况下，他还会咬咬牙，自己把钱先垫上。

开普勒是一个在学术上严于律己、宽于待人的谦谦君子，他追求的是科学真理，是宇宙和谐的真相。正因如此，他得知伽利略疑似将自己的发现据为己有之时大度地回应说"我绝不会阻拦，因为昭昭日月就是我的证人"，此后还继续与之开展学术对话并为其担任见证人。另一位对开普勒的科学成就至关重要的人是"父亲般的第谷"，尽管开普勒与第谷工作不久便产生过分歧，好不容易磨合后，第谷却去世了，但开普勒始终宣称自己取得的成果是基于第谷的观测数据，更从未隐去历代天文学前辈的功劳，他用一部部谦逊且严谨的作品串联起古人的天文学成就，用实际数据验证前人的猜想，从而将真理公之于世。我相信，读者会被开普勒的"真"所感动。

另一个引起我关注的点是开普勒唯一的文学作品《月之梦》。这位理工男，将丰富的天文学知识、个人的生活经验与新奇而合理的幻想大胆地结合在一起，创造出这部被后世视为科幻文学雏形的作品。我由此还想到唐朝人段成式所著《酉阳杂俎》中那则著名的"奇遇白衣月球修理工"的科幻小故事,这比开普勒的月球科幻故事还早了 800 多年! 古今中外,皆有思维活跃、想象奇诡、认识超前的人,对他们及其作品的比较研究也会是一个非常有意思的主题。

最后来谈谈翻译本身。本书是由我和我的德语笔译研究生刘安然共同完成的,从试译到最后完成修改及出版,前后历经了近一年半的漫长时间。在这个过程中,刘安然同学人如其名,不急不躁,完成工作既有自己的节奏,又特别细致认真,展现了自己出色的翻译能力,文采斐然。本书出版之时,正值刘安然刚刚通过答辩,顺利硕士毕业,希望她带着这份收获成果的喜悦和满满的自信走上工作岗位,希望开普勒能赋予她坚持自我的精神力量。

本书的翻译难点颇多。一是需要译者掌握一些天文学专业领域的基本知识,并能站在开普勒所处的 16、17 世纪的欧洲思想文化及社会背景下去理解其研究思路与后果,这对现代科学知识体系下的我们而言其实并非易事,也许并不比那个时代的人去理解哥白尼的"日心说"模型简单多少,而视角的转换恰恰是包括天文学在内的近现代科学发展的核心问题之一,我们的翻译活动也面对这样的视角转换。二是在开普勒生活的时代，政治、宗教和社会情况复杂，社会在动荡中裂变，书中引用的开普勒文书也与现代德语有所不同，甚至多处使用拉丁文和专有名词，译法不尽统一，这就要求译者在对文本的理解和翻译上特别谨慎，反复查证；然而另一方面，开普勒本人的文字生动形象，他那"施瓦本人的语言特色"处处都有鲜活的体现，传记作者莱姆克的文字也是精准清晰，这需要译者有较好的语言文字转换的功底。至于我们的视角转换、文字转换是否传神到位，那就敬请各位读者批评指正了。

廖峻

2024 年 6 月于歌乐山